KB272814

인생의 10년은 부자로 살아라

인생의 10년은 부자로 살아라

김주영 지음

레몬북스
lemon books

1퍼센트가 다른 부자들의 생각

대개의 사람은 늘 이런 생각을 할 것이다.

'나는 왜 만날 돈의 족쇄에 매여 있을까?'

'왜 나의 월급통장은 매달 현상 유지만 하는 걸까?'

'언제쯤 이 지긋지긋한 경제적 정체에서 벗어날까?'

나름대로 열심히 생활함에도 많은 이가 현실적인 재정 압박에 어쩌지를 못한다. 자본주의 사회에서 살아가는 한, 어쩌면 이 문제는 생을 마감하는 날까지 가지고 가야 할 것인지도 모른다.

어차피 돈에서 자유로울 수 없는 인생이라면, 이 결핍의 해소책은 단 하나뿐이다. 바로 진짜 부자가 되는 것이다.

그렇다면 과연 어떻게 해야 부자가 될 수 있을까? 나는 이것을 화두로 삼고 이 책을 평범한 사람이라면 반드시 접해야 할 필독서, 경제경영과 자기계발 분야를 아우르는 '부자 되기'의 토털 실용서를 꾀했

다. 이 책에서 무엇보다 중점을 둔 것은 부자, 그들의 남다른 차별성이다. 다시 돌아가보자.

이 세상에서 소수의 누구는 부자가 되고 다수의 누구는 부자가 되지 못한다. 왜? 핵심은 무엇일까? 부자가 된 사람들과 부자가 되지 못한 사람들 사이에는 분명한 차이가 있다. 바로 '1퍼센트의 생각 차이'이다. 그 1퍼센트의 생각 차이로 누군가는 부자의 삶을 살고 있는 것이다. 과연 1퍼센트의 생각 차이란 무엇일까?

나는 이 책을 통해 우리나라에서 부자가 된 사람들, 특히 기업을 일으켜 온갖 어려움을 극복하고 성공한 이들의 남다른 점, 그 1퍼센트를 파헤쳤다. 한마디로 이 책은 부자들의 삶을 통해 그들이 어떤 자세로 삶을 살았기에 부를 이룩할 수 있었는지, 그 부자 마인드에 관한 자기계발서라 하겠다.

사실, 부자들의 남다른 생각 1퍼센트는 평범한 사람들이 흉내 낼 수 없는 기상천외한 것들이 아니다. 누구나 따라 할 수 있는 것들이다. 결국 문제는 실행하느냐의 여부다. 누구나 부자처럼 생각하고 실행하면 부를 얻을 수 있다.

이 책에서 소개하는 부자들, 특히 스스로 기업을 세워 성공한 사람들과 말단 직원으로 시작하여 최고의 자리에 오른 CEO들이 생생한 롤 모델로 다가갈 것이다. 모쪼록 이 책이 부자라는 이름의 성공 여정을 시작한 독자들에게 좋은 길잡이가 되기를 바란다.

김주영

부자들의 생각은 1퍼센트가 다르다

Contents

Chapter 3
부자의 노하우를 습득하라

Chapter 12
부자들의 투자 노하우를 배우라

Chapter 1

부자 마인드로 무장하라

열심히 일하는 자세가 기본이다

미국의 석유왕 폴 게티는 1976년 사망 당시, 재산이 무려 40억 달러로 추산되는 세계적 거부였다. 생전에 그는 자신의 재산이 얼마나 되는지에 관심을 두지 않았다. 그랬기에 자신의 재산을 추정하며 수치화하는 〈비즈니스위크〉 등의 매체 평가를 달가워하지 않았다. 그는 이렇게 말하기도 했다.

"자신의 재산이 얼마인지 아는 사람은 아직 억만장자가 아니다."

이 말은 부자들의 논리와 맥을 같이한다. 우리나라의 고(故) 정주영 현대그룹 회장도 생전에 자신의 재산이 얼마인지 알지 못한다고 말한 바 있다.

과연 폴 게티는 어떻게 그처럼 세계적인 부자가 될 수 있었을까? 그는 변호사이자 석유 사업가인 아버지의 도움을 받았지만, 철저하게 밑바닥에서부터 사업을 시작했다. 16세 나이에 사업이라는 것에 눈뜬 그는 아버지에게 유전 사업에 참여시켜달라고 졸랐다. 그는 당시 노동자의 월급 수준인 3달러를 받고 일을 시작했고 서서히 아버지에게 인정받았다.

회사 오너의 아들임에도 불구하고 그는 여느 노동자들과 똑같이 현장에서 일했고, 똑같은 봉급을 받았다. 이런 자세와 현장 경험은 훗날 그가 사업을 하는 데 큰 힘이 되었다. 노동자들과 더불어 일하면서 그는 돈을 벌고자 하는 노동자들의 간절함 그리고 돈의 가치를 배웠음은 물론이다. 당연히 유정에 대해서도 잘 알게 되었다. 그렇게 그는 석유를 발판으로 24세라는 어린 나이에 부자 대열에 합류했다.

훗날, 그는 부자가 되는 비결에 대하여 이렇게 말했다.

"부자가 되기 위해서는 운과 지식 그리고 열심히 일하는 자세가 필요하다. 여기에 부자 마인드 또한 갖고 있어야 한다."

그가 말한 부자 마인드란 한마디로 기업가정신이다. 이는 일과 목표를 달성하기 위한 기술과 지적 능력의 총체를 말한다. 무슨 일이든지 비용을 절감하고 최대한 이익을 창출하려고 애쓰는 태도가 곧 기업가정신인 것이다.

폴 게티는 자신의 경험을 통해 비즈니스 성공을 위한 몇 가지 가이드라인을 제시했다.

- 자기 사업을 가져라.
- 수요가 큰 제품을 공급하라.
- 제품에 반드시 보장제도를 채택하라.
- 경쟁자보다 나은 서비스를 제공하라.
- 열심히 일한 사람에게는 보상을 주어라.

■ 다른 이의 성공을 도우며 자신의 성공을 도모하라.

폴 게티는 낮은 비용으로 더 좋은 제품을 많이 만들고 사람들에게 더 좋은 서비스를 제공하는 것이 비즈니스의 핵심 목표라고 했다. 이런 목표를 세우고 그 한길을 향해 열심히 일하는 자세, 곧 기업가정신이 성공을 가져다준다는 것이다.

기브 앤드 테이크의 정신을 가져라

비즈니스는 모두 '기브 앤드 테이크(Give & Take)'를 바탕으로 한다. 따라서 기브 앤드 테이크는 기업가의 기본정신이라고 할 수 있다.

알다시피 '기브'란 상대에게 주라는 의미이고, 테이크란 그 상대로부터 어떤 이익을 받는 것을 말한다. 이것은 비즈니스의 대원칙으로, 이 두 가지가 성립되지 않으면 비즈니스는 이루어지지 않는다. 받기만 하고 주는 게 없다면 이것은 극단적으로 말해 빼앗는 것과 다름없다.

나라를 잃은 유태인들은 혹독한 차별과 박해 속에서 기브 앤드 테이크를 완벽하게 실천함으로써 그 시련을 이겨냈다. 그들은 우선 '기브'에만 주력하였다. 이게 그들의 도약을 가능케 한 비결이다.

세계 최고의 금융왕국을 이룬 로스차일드 가문은 이 정신으로 세계 금융을 제패하였다. 로스차일드 은행을 창설한 메이어는 다른 유태인과 마찬가지로 갖가지 차별과 박해 속에서 비참하게 생활했다. 그는 프랑크푸르트의 유태인 집단 거주지구인 게토에서 성장했다. 그의 부모는 잡화상을 했는데, 그 덕분에 그는 어릴 때부터 낡은 동전에 대한 지식을 습득할 수 있었다. 빈곤하게 살던 메이어는 또래의 아이들이 상상도 못할 생각을 하였다.

'진귀한 고전(古錢)을 모아두면 반드시 큰돈이 생길 거야.'

하지만 당시에는 그 누구도 고전에 관심이 없었다. 고전에 관하여 이야기해봤자 어느 누구도 메이어의 말을 들으려 하지 않았다. 그러나 그는 포기하지 않았다. 꾸준히 고전을 수집하면서 기회가 오기만을 기다렸다.

메이어가 청년이 되었을 때 마침내 기회가 왔다. 그는 어떤 사람을 통해 귀족 빌헬름 9세와 면담할 수 있게 되었다. 그는 빌헬름 앞에서 고전의 가치에 대해 열변을 토했다. 그러고는 고전을 매우 싼값에 내놓았다. 빌헬름 9세는 고전에 흥미를 가지고 있었으나 비싸서 엄두를 내지 못하고 있다가 메이어가 싼값에 팔겠다고 하니 기꺼이 샀다.

이를 계기로 두 사람의 거래가 시작되었다. 그 덕에 메이어는 궁정 출입이 자유로운 '궁정상인'이라는 칭호를 받게 되었다. 이런 결과는 그의 철저한 희생, 즉 '기브'가 있었기 때문에 가능했다.

메이어는 거래를 시작한 이래, 경제적으로 형편이 나아지지는 않았다. 인색하기로 유명한 빌헬름 9세는 거래를 할수록 더욱더 값을 깎으려고 했기 때문이다. 거래를 그만할까도 생각했지만 그는 마음을 고쳐먹고 빌헬름 9세에게 한없이 '기브'만 했다.

그러던 중 드디어 기회가 찾아왔다. 전쟁이 발발하자 빌헬름 9세는 궁중의 모든 재산관리를 메이어에게 맡긴 것이다. 메이어는 그때부터 막대한 재산을 얻을 수 있었다. 계속 바보처럼 '기브'만 한 지 20년이 지나서야 그는 상상도 못할 막대한 부를 '테이크'할 수 있었던 것이다. 이를 토대로 메이어는 아들 5형제를 프랑크푸르트, 빈, 런던, 파리, 나폴리 등지로 보내 은행을 창립하도록 했다. 그들은 각기 그 나라의 정부와 밀착하여 귀족의 칭호를 받는 한편 정치적으로도 활약을 펼쳐 오늘날 국제 금융자본의 바탕을 마련하였다. 세계 최고의 금융왕국을 세운 것이다. 때를 기다리며 인내의 '기브'를 한 결과였다.

'기브'하면 '테이크'할 날도 오게 마련이다. 따라서 '테이크'하기까지 '기브'라는 투자를 지속하며 인내할 줄 알아야 한다. 이것이 부자의 마인드다.

자신감과 확신이 중요하다

무엇이든지 가능하다는 생각이 부자의 마인드다. 이를 추동력으로 그들은 불가능해 보이는 꿈을 실현 가능한 것으로 만든다.

꿈을 이루기 위해서는 '불가능하다'는 발상을 깨고 '가능하다. 그러므로 나는 할 수 있다'는 긍정의 생각으로 목표에 접근해야 한다. 불가능할 것만 같다는 이유로, 지레 '나는 할 수 없다'고 생각한다면 도전은 커녕 첫발조차 내디딜 수 없다. 요컨대 긍정의 의지가 필요한 것이다.

기업을 일으켜서 큰 업적을 남긴 사람들은 거의 의지가 강한 사람들이었다.

일본 마쓰시타전기산업의 창업자 마쓰시타 고노스케도 '나는 할 수 있다'는 긍정적인 사고와 자신감으로 무장했었기에 훗날 '경영의 신'으로 불릴 수 있었다.

그가 일본 기업인들 앞에서 강연할 때의 일이다.

“기업인은 자사 제품에 강한 자신감을 갖고 있어야 합니다. 반드시 팔린다는 강렬한 신념을 가지고 있어야 합니다.”

그때 한 중소기업인이 손을 번쩍 들어 질문하였다.

“그 정도는 알고 있습니다. 하지만 그렇게 생각을 해도 팔리지 않습니다. 현장에서 팔리지가 않아요. 그러다 보니 확신을 가질 수 없어요. 어떻게 하면 팔리죠?”

마쓰시타는 단호한 목소리로 말하였다.

“어떻게 해야 팔릴지 그것은 나도 알 수 없습니다. 그러나 내가 말할 수 있는 것은 팔리지 않아도 팔아야 한다는 겁니다. 어떻게 해서든 팔지 않으면 안 됩니다. 그래서 확신이 필요하다는 겁니다. 자사 제품이 팔릴 것이라는 확신을 가지세요. 그것뿐입니다.”

도무지 팔리지 않는 제품임에도 무작정 확신을 갖고 팔아야 한다니, 어찌 보면 막무가내로 밀어붙이는 느낌이다. 제품마다 특성이 있고, 또 고객이 있기 때문에 일률적으로 어떻게 팔아야 한다는 방법은 그 누구도 제시할 수 없다. 따라서 마쓰시타의 말은 무엇보다도 먼저 제품에 대한 확신을 갖고 스스로 아이디어를 만들어내어 필사적으로 시행하라는 의미라고 하겠다.

부자가 되기 위해서는, 기업인으로서 성공하기 위해서는 ‘나는 할 수 있다’는 자신감을 가져야 한다. 그런 자신감이 부자를 낳고 성공하는 기업인을 낳는다.

🔑 자신감으로 통일로를 만든 정주영 회장

기업인의 자신감을 거론하자면 가장 먼저 떠오르는 인물이 현대그룹의 고 정주영 회장이다. 그는 "불가능하다", "못 한다"는 말을 할 줄 몰랐다. 그에게는 모든 것이 가능했다. 그는 늘 자신감에 차 있었다. 여기, 자신감 하나로 이룩한 그의 수많은 업적 중 통일로 건설에 관한 이야기를 하나 소개한다.

1971년 10월 초, 박정희 대통령과 태완선 건설부장관 그리고 정주영 회장은 문산으로 향하였다. 문산에서 대통령이 정 회장에게 물었다.

"서울에서 판문점까지 4차선 도로를 내려고 하는데, 12월 5일 전까지 가능하겠소?"

박 대통령이 12월 5일 이전으로 공사 완료일을 제한한 까닭은 북측 적십자 대표단이 그 길을 통해 서울로 올 것이기 때문이었다. 잠시 생각에 잠긴 정주영 회장은 자신 있게 말했다.

"할 수 있습니다. 다만, 조건이 있습니다."

"조건이 무엇이오?"

"우리 현대건설 외에 다른 건설사도 참여하게 하는 것입니다."

"그것은 알아서 하시오."

정 회장은 결국 통일로 45킬로미터 구간 공사를 단기간의 일정에 맞춰 끝냈다. 이는 오로지 정 회장의 자신감에서 나온 결과였다. 정 회장의 자신감은 그가 그토록 성공한 요인, 즉 1퍼센트 남다른 생각 중 하나였다. 이것은 오늘의 현대그룹을 만든 밑거름이었다.

🔑 자신감으로 위기를 돌파한 김홍창 부회장

김홍창 파라다이스 그룹 부회장은 1954년 경남 남해에서 태어났다. 그는 승부 근성이 남달랐다. 바둑에 푹 빠진 중학교 때부터 유독 지는 것을 싫어했다. 바둑알을 쥔 지 6개월 만에 형을 이겼고, 남해도 바둑 도사라는 아버지에게 도전장을 내밀어 처음에는 연전연패했으나 6개월 뒤 아버지를 마침내 꺾었다.

김 부회장이 CJ투자증권에 다닐 때의 일이다. 리먼 사태가 터지기 직전인 2008년 7월, 코스피지수가 계속 하락했다. 얼마 전까지만 해도 고객들에게 투자하라고 권하던 전문가들은 입을 닫고 있었다. "미안합니다"라는 말만 되풀이하고 그 원인을 알려주지 않는 것이 당시 전문가들이 일반적으로 사용하는 방법이었고, 애널리스트들의 관행이었다. 그러나 김 부회장은 달랐다. 그는 자신의 고객들에게 이메일로 사과의 뜻을 전한다.

'어려운 상황에서 말씀드리기가 쉽지 않습니다만, 이런 때일수록 냉철하게 상황을 파악하고 마음을 나눠야 합니다.'

상황이 어려울수록 위축되지 말고 정면 돌파해야 한다는 뜻을 비친 것이다. 대단한 자신감이 없으면 그런 상황에서 투자자들에게 이런 말을 하지 못한다. 편법을 쓰거나 돌아가는 방법을 쓸 것이다. 그의 자신감은 한낱 호언장담에 불과한 것이 아니었다. 그의 자신감은 경영전선에 뛰어든 1997년 이후 한 번도 실패한 적이 없는 데서 비롯된 것이었다. 죽음의 늪에 빠진 회사를 살렸고, 업계 꼴지의 기업을 1, 2등 가는 기업으로 만들었다. 그는 누가 알아주든 말든 자신감으로 밀어붙였고 기어코 성공했다.

1997년 제일투자신탁 시절의 일이다. 부산, 경남이 텃밭인 제일투자신탁은 CJ투자증권의 전신으로 CJ가 1997년에 인수했다. 지금은 종합증권사의 면모를 갖췄지만 당시에는 언제 무너질지 모르는 지역 투신사에 불과했다. 이런 투신사에 IMF 외환위기가 닥치니, 고객들의 환매가 줄은 이은 것은 당연하였다. 임직원 모두가 당황할 만큼 속수무책이었다. 그러나 그의 생각은 달랐다.

그는 전략을 세웠다. '제일투신'의 대주주인 CJ가 고객을 포기하지 않는다는 것을 보여주면 고객들의 반응 또한 달라질 것으로 판단했다. 그는 인천에 있는 제일제당 공장으로 달려가 설탕 2천 부대를 가져와 고객에게 나눠주었다. 설탕은 곧 CJ의 상징이었다. 그뿐만 아니라 고객의 신뢰를 얻기 위해 많은 자금을 들여 탤런트 김혜자를 모델로 앞세웠다. 결과는 대성공이었다. 그의 자신감을 느낀 고객들은 마음을 돌리며 환매를 중단했다.

위기를 넘겼지만 그는 그것으로 만족할 수 없었다. 최고의 리더는 항상 위기를 기회로 만들기 위한 자세를 갖추고 있다. 그는 위기를 기회로 바꿀 전략을 세웠다. 그것이 바로 'S프로젝트'였다. 금융권의 80퍼센트가 서울을 중심으로 수도권에 몰려 있는 상황에서 경남, 부산에 눌러 있다가는 언제 불똥이 튈 줄 몰랐다. 그래서 그는 수도권으로 옮길 것을 계획하고 공략을 서둘렀다.

제일투신은 곧바로 서울에 지점을 냈다. 수도권에 1년 사이에 300개의 지점을 내고 직원도 600명이나 뽑았다. 다른 기업이 구조조정으로 급할 때 제일투신은 오히려 사람을 뽑은 것이다. 그의 예상대로 S프로젝트는 제일투신의 가치를 높였다. 2001년, 외국인 자본 1,800억 원이 제일투신에 유입되었는데 S프로젝트가 아니었다면 불가능할 일이었다.

CJ투자증권 대표이사에 오른 그에게 커다란 과제가 또 주어졌다. 이 과제를 해결하지 못하면 CJ투자증권은 껍데기뿐인 회사로 전락할 것이었다. 바로 부채 문제 해결이었다. CJ그룹과 푸르덴셜이 2001년에 투자한 후순위전환사채와 미지급이자가 2,300억 원에 달했던 것이다. 그는 또 다시 승부수를 던졌다.

"클린 컴퍼니를 만들겠으니 미지급이자 등을 출자전환해달라."

그때 사람들은 비웃었다. 세상 물정을 몰라도 너무 모른다고 비아냥댔다. 그러나 그 비웃음은 그리 오래가지 않았다. 그해 10월, 김 부회장은 2,300억 원을 출자전환하는 데 성공했고, 마침내 빚더미에 앉았던 CJ투자증권을 빚 없는 우량 회사로 거듭나게 했다.

스스로 뭔가를 할 수 있다는 사실을 인정할 때 자신감과 의지가 생긴다. 그리고 담대해진다. 그것이 바로 희망의 싹이다. 반면, 불안감과 회의는 모든 가능성을 차단한다. 그러면 사람이 점점 왜소해진다. 이 모든 것은 스스로가 만든 것이다. 강한 신념과 자신감을 갖고 있는 사람은 어려운 상황에서도 포기하거나 희망을 잃지 않는다.

낙관의 사고방식을 가져라

부자들은 대부분 낙관론자다. 그들은 세상과 인생을 낙관적으로 바라보며 매사를 긍정적으로 생각한다. 그래서 그들은 "경제가 무너질 것이다"라고 사람들이 떠들 때에도 투자의 기회를 포착한다.

얼마 전 증권사 지점장을 끝으로 은퇴한 박씨는 증권사에 입사할 때부터 부자가 되겠다는 목표가 있었다. 그는 돈을 빨리 벌 방법이 주식이라고 생각했고, 그래서 선택한 직장이 증권사였다.

증권사에 들어간 후 그는 돈을 더 빨리, 더 많이 벌겠다는 욕심으로 자신의 돈은 물론 처가와 친구들 돈까지 빌려 투자하였다. 그렇게 몇 년을 투자하는 동안 성공보다 실패가 더 많았다. 나중에는 자살까지 시도할 정도였다.

어느 추운 겨울날, 그는 자살하려고 옥상에 올라갔다. 살아온 나날을 생각하니 한편으로 억울한 생각이 들었다. 그러다가 이래 죽으나 저래 죽으나 사람은 태어나서 한 번 죽는 것이라는 데 생각이 미쳤다. 그는 죽을 각오로 한 번 더 해보자며 자살을 포기하였다.

그는 남은 재산을 정리하여 부채를 어느 정도 갚았다. 그는 아는 것이 주식뿐이었기에 주식 영업을 하기로 했다. 자기 돈으로 투자할 때에는 그리도 풀리지 않더니 남의 돈으로 투자를 하니 매일 수익이 났다. 그는 고수들에게 부지런히 배웠고 결국 10년 만에 그동안 날린 돈을 복구하였다. 현재 은퇴한 그는 그동안 번 돈을 부동산에 투자하여 여유로운 생활을 하고 있다.

그는 자신의 성공은 고객들에게 희망을 보여준 덕분이라고 말한다. 돈을 많이 투자하는 큰 고객일수록 지점장의 표정을 보고 투자를 결정함을 깨달았기에 언제나 밝은 표정을 지어야 했고, 뼛속까지 낙관론으로 무장하였다고 한다. 박씨가 어려움을 극복하고 성공할 수 있었던 것은 낙관의 사고방식 덕분이다.

🔑 낙관적 사고방식으로 성공한 홍성열 회장

검은 연기를 내뿜던 시절의 흔적이 완전히 사라지지 않은 2001년, 옛 구로공단 자리에 홍성열 회장은 오로지 성공할 수 있다는 긍정적인 생각 하나로 정통 패션 아울렛을 세웠다. 그리고 이 지역을 전국 최대의 패션 단지로 만들었다.

당시 그가 국내 최초로 아울렛을 설립한 것은 상품 재고와 유통에 대한 고민에서 비롯되었다. 업체들은 재고를 처리하고, 소비자들은 좋은 제품을 싼값에 살 수 있는 방법을 생각하던 그는 외국에서 본 아울렛이 우리나라에서도 성공할 것이라고 확신했다.

마침 IMF 외환위기로 구로공단의 공장 건물들이 매물로 쏟아져 나올 때였다. 그는 지금이 공장 부지를 살 수 있는 최고의 적기라고 판단하여 사업을 시작하기로 마음먹었다. 그가 그런 결정을 내리자 주위에서 모두 말렸다. 외환위기와 맞물려서 금융 환경도 좋지 않은 데다 당시 그가 하던 까르뜨니트 매장도 전국 60개 중 16개가 부도 직전에 있었던 탓이다. 1970년대의 성황을 이루었던 굴뚝 공장들이 문을 닫으면서 유동인구가 없는 구로동에서 대형 매장을 만드는 것은 무모한 일이라는 의견이었다.

그러나 홍 회장은 낙관적 사고방식으로 밀어붙였다. 주변의 위태로운 시선 속에서 마침내 2001년, 마리오아울렛 1관을 오픈했다. 그는 자신의 낙관론이 옳았다는 것을 곧 알게 되었다. 오픈한 지 3년 만인 2004년에 그는 마리오아울렛 2관을 오픈했다. 입점을 희망하는 브랜드가 많은 데다가 신규 카테고리들을 들여오기 위해서였다. 2001년 첫해 매출액이 500억 원이었는데 2004년에는 1,200억 원을 기록했고, 어느덧 2,100억 원을 기록했다.

지하 4층과 지상 13층 규모의 3관은 세계적 수준의 아울렛을 만들겠다는 홍 회장의 뜻대로 백화점과 쇼핑물의 장점을 두루 갖추었다. 정통 패션 매장은 물론이고 국내 아울렛 최초로 침대와 주방기구 등 라이프스타일 매장도 입점했다. 지금은 유명 레스토랑까지 입점하여 호황을 이루고 있다.

그러나 홍 회장이 사업을 시작한 이후 계속해서 슬슬 잘 풀리기만 한 것은 아니다. 공장 지대에 유통시설이 들어올 수 없다는 법 규제 때문에 공무원들로부터 많은 방해를 받았다. 처음에는 공무원들이 말도

붙이지 못할 정도로 고압적이었다. 법 해석과 관계없이 무조건 불법이라고 방해를 했다. 심지어 마리오아울렛과 계약이 중단되었으니 마리오아울렛과 거래를 중단하라고 한국산업단지공단이 5개의 은행에 공문을 보내기까지 하였다. 이로 인해서 3관을 짓는 데 무려 8년이나 걸렸다. 홍 회장은 이런 어려움을 겪으면서도 낙관적 사고방식으로 흔들리지 않고 어려움을 감당했다. 결국 구로동 일대에 패션 타운이 형성되고 고객과 돈이 몰리면서 규제도 약해지고, 그렇게 홍 회장은 고비를 넘겼다.

홍 회장은 30년 넘게 패션 외길을 걸어오고 있다. 1980년 형제들로부터 200만 원을 빌려 편물기를 사서 직원 네 명과 함께 대방동에 니트 공장을 차렸다. 외국 바이어들이 시키는 대로 삯바느질 수준에 머물렀던 시대에 홍 회장은 새로운 브랜드를 만들기 위해 밤잠을 설치면서 노력한 끝에 드디어 '까르뜨니트'를 출시했다. 일본 바이어들이 관심을 가지면서 홍 회장은 본격적으로 니트 사업을 시작하였다. 구로공단에 공장과 사옥을 짓고 스웨터 내수 판매와 수출에 주력하였다.

홍 회장은 어떤 일이 있어도 약속을 지켰고 제품에 작은 하자가 생길라치면 일본까지 달려가서 해결했다. 그런 진지한 태도와 성실한 자세에 일본 바이어들이 홍 회장을 믿기 시작하면서 사업이 번창하기 시작했다. 모든 게 낙관적 사고방식에 의거한 결과였다.

자기원칙을 철저히 지켜라

부자들은 모두 자기만의 확고한 원칙을 가지고 있다. 그 원칙이라는 것이 저마다 다르겠으나 한 가지 공통적인 것이 있다. 한마디로 '받을 것은 되도록 빨리 받고, 줄 돈은 가급적 늦게 주는 것'이다.

건물주 최씨는 자수성가로 몇십억 원대의 부자가 된 사람이다. 그 건물은 시장 요지에 위치하고 있어서 병원들이 많이 입주해 있다. 최씨는 입주자들이 월세를 제때 내지 않으면 절대로 그냥 넘어가지 않는다.

주위에서 너무 야박하지 않느냐고 말하면 최씨는 매우 당연한 것이라고 반박한다. 건물을 임대해서 사업을 하면 사업이 잘되고 안 되고를 떠나서 월세는 반드시 제 날 줘야 하는 것이라고 강조한다. 그것이 자신의 원칙이라고 말한다.

이러한 속성은 최씨뿐만 아니라 부자들의 공통적 속성이다. '받을 돈 빨리 받고 줄 돈은 가급적 늦추려'고 하는, 소위 부자들의 공통적인 원칙은 오늘날 중소기업에 대한 대기업의 태도에서 잘 나타난다.

대기업들은 현금을 쌓아두고 있으면서 중소기업에 대한 결재는 거의 어음으로 한다. 현금 흐름을 확보하기 위함이다. 이것은 을에 대한 갑의 횡포라고 볼 수 있는데, 이런 횡포가 자행된 것은 어제오늘의 이야기가 아니다. 이런 거래적 모순으로, 대기업이 무너지면 그 기업과 거래하던 중소기업도 동시에 무너진다. 어음이 연쇄 부도로 작용하기 때문이다. 돈을 많이 못 가진 자의 서러움이다. 대기업들이 '갚을 돈은 되도록 늦게 갚으려'고 하는 원칙에서 비롯된 현상이라고 할 수 있다.

부자들은 자기 원칙을 스스로 칼같이 지키고 또 적용한다. 그 원칙을 지킴으로써 돈을 모았고, 그 돈을 투자하여 큰돈을 만든 것이다. 부자들은 돈이 원칙이고, 그 원칙은 부자 편이다. 그래서 부자들은 자신들을 원칙주의자라고 주장한다. 모든 계약서 또한 부자에게 유리하도록 작성한다. 또 협상 과정에서 돈을 가진 자가 항상 유리하다. 부자들은 돈을 모아가는 과정에서 돈의 위력과 부자의 힘을 깨닫고 또한 배우게 된다.

부자들은 어떻게 해서든지 받을 돈은 빨리 받고 줄 돈은 조금이라도 오래 가지고 있으려고 안간힘을 쓴다. 비록 자본주의의 사회이지만, 이런 원칙과 현상이 바람직한가 혹은 정당한가 하는 깃은 2차 문제다. 분명 이것이 오늘의 어쩔 수 없는 현실이다.

따라서 부자가 되기 위해서는 이런 부자의 마인드, 즉 받아야 할 돈은 빨리 받고 갚아야 할 돈은 가급적 미루어 천천히 주는 부자의 마인드를 전략적으로 터득해야 한다.

대성산업의 창업자인 고 김수근 씨의 막내딸로 태어난 김성주 성주 그룹 회장은 당연히 남부럽지 않은 가정에서 자랐다. 그런 김 회장이 부잣집 딸로서 당시 보편화된 '좋은 신랑 만나 시집가는 길'을 택하지 않고 여성으로서 험난한 가시밭길을 택하게 된 데는 몇 가지 커다란 계기가 있다.

김 회장의 인생에 첫 번째 커다란 전기가 찾아온 것은 그녀가 중학교 2학년 때의 일이다. 당시 그녀는 반장을 맡고 있었는데, 앞자리에 있던 반 학생이 학교에 며칠째 나오지 않아 담임 선생님과 친구의 집을 찾아가게 되었다. 그때 그녀는 움막집에 살고 있는 친구를 보고 큰 충격을 받았다.

돈이 없어 병원에도 가지 못하고 누워 있는 친구를 보면서 그녀는 사회가 너무 불공평하다는 것을 깨달았다. 그녀는 자신의 부유한 가정에 만족하고 기쁨을 느끼기보다는 연민의 정을 넘어 이 불공평한 사회를 위해 자신이 해야 할 일이 있음을 깨달은 것이다. 그녀는 사업을 하여 돈을 벌어 사회에 환원하기로 결심하였다. 그렇게 하면 불평등이 조금이라도 해소될 것이라 판단한 것이다.

당시 한국 사회는 뿌리 깊은 유교사상의 영향에서 벗어나지 못한 상태였다. 여성은 오로지 가정에서 남편을 보필하고 자녀를 키우는 것이 가장 큰 덕목이요, 마땅한 의무라고 생각하고 있었다. 그러니 여성으로서 사업을 한다는 것은 어느 누구도 생각할 수 없는 일이었다. 그러나 김 회장은 다르게 생각하였다.

'한국 여성은 사업을 해서는 안 되는 것인가? 외국에서는 여성들이

정계, 재계에 진출하여 중요한 역할을 하고 있는데 왜 우리나라에서는 불가능한 것일까?'

이런 의문이 그녀의 머리를 떠나지 않았다.

연세대학 신학대학을 졸업한 후 김 회장은 집안의 반대를 무릅쓰고 미국으로 유학을 강행했다. 유학자격 고사 10대 1의 경쟁을 뚫고 합격하자 그는 반대하는 아버지를 당시 저명한 아버지의 친구들에게 설득해달라고 부탁했고 마침내 미국행 비행기에 올랐다.

미국에 도착한 그녀는 미국에서 작은 하버드라고 불리는 앰허스트 대학에 입학하여 하루에 서너 시간만 자고 교수의 강의를 녹음했다가 정리한 다음, 빌린 친구의 노트와 비교하면서 외우고 또 외웠다.

그렇게 열심히 공부하던 중 그녀가 사업을 시작하게 된 두 번째의 결정적인 계기가 왔다. 그녀는 유학 도중 이탈리아계 미국인 학생을 사랑하게 되어 결혼하려고 하자 한국 사람도 아닌 외국 사람과 결혼하려는 그녀에게 진노한 아버지는 그때부터 유학비를 보내지 않았다. 두 사람 중 누구 한 사람은 학업을 포기해야 될 형편에 이르자 그녀는 자신이 학업을 접고 사업을 시작했다.

여성으로서 사업하면서 겪어야 할 애로점은 그녀의 말대로 책을 하나 쓰고도 남을 정도였다. 심지어 회사 내에 사업 부서를 만들어 능력 있는 남성들을 오라고 해도 오지 않았다. 여사장 밑에서 어떻게 일을 하느냐는 반응이었다. 밑으로 오라는 것이 아니라 옆으로 오라고 해도 오지 않았다.

귀국하여 미국에서의 경험을 바탕으로 유통업계에 발을 들어놓았지만 한국 관행은 그녀에게 절망감을 심어주었다. 사업 초기에 만난 한 선배가 김 대표에게 이렇게 말했다.

"우리나라에서는 세 가지를 잘해야 사업에 성공할 수 있다. 첫째 술 접대를 잘해야 하고, 둘째 뇌물을 잘 바쳐야 하며, 셋째 상황에 따라 거짓말도 잘해야 한다."

미국에서 사업을 시작한 그녀로서는 도저히 이해가 안 가는 말이었다. 그러나 그것은 부정할 수 없는 사실이었다. 당시 한국 사회에 만연한 관행이었던 것이다.

그때는 해외에서 제품이 들어와 세관을 통과할 때 뇌물을 주어야만 무사히 통과할 수 있었으며, 백화점에 입점하더라도 월정액을 주지 않으면 직원들이 윽박지르고, 몇십억 원의 매출을 올려도 쫓겨나기 십상이었다. 이것은 당시 기업을 하는 사람은 누구나 알고 있는 비밀 아닌 비밀이었다. 그랬기에 모두가 관행이니 어쩌겠어, 하는 마음으로 그 흐름을 따랐다.

그러나 김 회장은 그런 관행을 깨뜨리고 투명경영을 하겠다고 다짐했다. 뇌물을 요구하는 사람들이 있을라치면 그녀는 단호히 거절했다.

"당신이 돈이 없어서 아이에게 우유도 사서 먹이지 못한다면 돈을 주겠다. 그렇지 않고서는 나라를 위해서도 줄 수가 없다."

당연히 그런 김 회장에게 말할 수 없을 정도의 많은 모욕과 고통이 따랐다. 그러나 김 회장은 물러서지 않고 다시 한 번 결심했다.

'돈을 벌기 위해 탈세를 하거나 이중장부를 만들지 않겠으며, 쉽게 해결하기 위해 뇌물을 바치지는 않겠다. 그렇게 해서 돈 버는 사업가는 되지 않겠다.'

훗날 김 대표는 자신의 그러한 행동에 대해 실보다는 득이 많았다고 평가했다. 그녀의 평가대로 투명경영이라는 확고한 자기 원칙은 그녀 자신에게 많은 성과를 가져다주었다.

Chapter 2

부자의 습관을 내 안에 심어라

매 순간 부지런하게 움직여라

채씨는 사업으로 보따리 장사부터 시작했다. 미국과 유럽에 출장 다닐 때부터 눈여겨보고 생각했던 아이템을 수집해서 국내에 파는 일로 첫발을 내디뎠다. 처음에는 여성들의 귀고리나 액세서리 등 장신구를 수입해서 팔았다. 부잣집 사모님들이 좋아하는 최고 물품만 취급했다. 그런 다음 차츰 액수가 높은 분야의 가구를 취급했다. 이탈리아산 대리석으로 만든 수도꼭지나 장식품들을 들여왔는데 들여오기가 무섭게 팔려 나갔다.

그렇게 잘나가던 그의 사업도 한동안 위기가 찾아왔다. 미국의 서브프라임 사태에 중간 상인들이 줄도산을 당했기 때문이다. 그러나 채씨는 실망하지 않고 매 순간을 부지런히 움직였다. 그는 현재 200억 원대의 재산가가 되었다.

채씨의 성공은 부지런하게 쌓은 외국어 실력도 한몫했다. 그는 이름도 생소한 모 대학을 나왔는데, 취직을 준비하는 동안 학벌 때문에 많은 열등감을 느꼈다. 그는 그 콤플렉스를 오로지 외국어 실력으로 만회하려고 노력하였다. 그 결과 그는 높은 외국어 실력을 갖출 수 있었다. 그 때문에 회사 상사들은 외국 출장을 갈 때마다 그를 데리고 갔으며, 외국 바이어를 맞이할 때도 그를 꼭 불렀다. 그는 해외 업무 쪽으로 승승장구하였다. 미국 바이어들조차 그의 영어 실력에 감탄할 정도였다.

채씨가 그토록 외국어를 능통하게 구사할 수 있었던 것은 오로지 그의 부지런한 습관 덕분이었다. 채씨는 부모가 해외에 있는 것도 아니었다. 그렇다고 부잣집 자녀들처럼 외국에 유학을 가지도 않았다. 그럼에도 불구하고 그는 외국어를 마음대로 구사한다.

그는 승부수를 외국어 실력에 두었기에, 새벽 다섯 시에 일어나 여섯 시에 시작하는 종로학원에 다니면서 회화수업을 들었다. 휴대용 CD를 들고 다니면서 CD가 재생되지 않을 정도로 회화를 들었으며, 집에서는 오로지 외국방송을 듣는 것으로 시간을 보내었다. 그렇게 4년이 지나자 어느 정도 고급영어를 할 수 있게 되었다.

대학을 졸업하고 회사에 입사한 후에도 그는 영어 공부를 중단하지 않았다. 그런데 글로벌 시대를 맞이하여 회사의 고객들이 프랑스, 스페인 등으로 국적이 다양해지자 그는 영어 외에 다른 외국어도 공부할 필요성을 느꼈다. 그는 당장 프랑스 공부를 시작하였다. 그런 식으로 공부하여 지금은 4개 국어를 능통하게 구사하고 있다.

채씨의 성공은 결국 부지런한 습관 덕분이다. 채씨가 아무리 외국어에 재능이 뛰어나다고 해도 부지런함을 습관화하지 않았다면 오늘의 그는 존재하지 못했을 것이다.

　한 조사에 의하면 우리나라 부자들은 대부분 아침형 인간이라고 한다. 그 대표적인 예가 고 정주영 현대그룹 회장이다. 그는 어떤 일이 있어도 새벽 다섯 시에 일어나 일곱 시에 출근하였다. "아침 일찍 일어나는 사람에게 굶어 죽는 일은 없다"라고 한 정 회장의 말은 아직도 많은 사람들의 가슴속에 남아 있다.

　부자가 되기를 원한다면 이 말을 꼭 명심할 필요가 있다.

　'부자치고 게으른 사람은 한 사람도 없다.'

절약하고 또 절약해야 한다

가난한 사람은 어쩔 수 없이 절약하는 경우가 많다. 그는 조건이 허락되지 않으니 사치도 부릴 수 없다. 인간은 원래 절약보다는 낭비를 좋아한다. 절약은 그만큼 고통이 따르지만, 낭비는 즐거움을 가져다주기 때문이다.

대부분의 사람은 자신의 수입으로 충족시킬 수 있는 것보다 더 많이 누리고자 하는 욕망을 갖고 있다. 대개 부자는 원하는 것을 모두 소유할 수 있다고 생각하지만 아무리 돈이 많아도 욕망은 쉽게 채워지지 않는다. 채워지지 않는 욕망은 이제 미련 없이 버리자. 대신 안락한 미래를 위해 지속적인 저축 프로그램을 운용하자. 그 첫걸음은 일상에서 꼭 필요한 것과 욕망을 구분하여 불필요한 지출을 억제하는 데서 시작된다.

우리가 의식적으로, 또한 어쩔 수 없이 절약을 하는 데 비해 부자들은 아예 절약 자체가 생활화되어 있다. 대기업 총수들만 보더라도 그들 대부분은 검소한 생활을 한다. 우리나라 최고 기업인으로 손꼽히는 고 정주영 현대그룹 회장의 경우, 구두 뒤창이 닳도록 신었다는 유명한 일화가 있다.

부자들의 절약은 어쩌면 책임감에서 비롯되었다고 할 수 있다. 가난한 사람들은 공공재산을 소중히 여기지 않는다. 왜냐하면 공공재산이 자기의 것이 아니라는 생각을 밑바탕에 깔고 있기 때문이다. 회사 컴퓨터로 인터넷 쇼핑을 하거나 증권 정보를 본다. 업무 시간에 개인 활동을 하며 회사 물품 또한 아끼지 않는다. 회사의 돈이라는 이유로 접대비를 펑펑 쓴다. 반면, 사장들은 기업에 손해되는 일은 절대로 하지 않는다. 왜냐하면 회사가 자기 것이기 때문이다. 이런 관점에서 볼 때 직원들이 회사의 이익을 최우선으로 하지 않는 이유는 회사가 자기 것이 아니기 때문이다.

어찌되었든 부자들은 절약을 강조한다. 절약 없이는 부를 이룰 수 없기 때문이다.

서울 반포동에 살고 있는 주부 김씨는 어려서부터 부모의 절약정신을 배웠다. 그녀는 철부지 시절인 초등학교 2학년 때부터 금전출납부를 쓰기 시작하였다. 초등학교 2학년 나이에 무슨 거창한 수입이 있으며 또한 큰 지출이 있겠냐마는 그녀의 아버지는 출납부를 쓰지 않으면 용돈을 주지 않았다. 그런 아버지 덕분에 그녀는 초등학교 때부터 절약하는 습관이 몸에 배었다. 그리하여 불필요한 것에 단 한 푼도 쓰지 않았으며 아버지가 주는 용돈마저 저축하는 습관을 길렀다.

그녀는 대학에 진학해서도 아르바이트로 돈을 벌었다. 그녀의 아버지는 광주에서 건설업을 하고 있었기 때문에 넉넉하게 살 수 있었지만 아버지로부터 배운 절약의 습관으로 돈을 아끼고 모아서 저축하였다.

그녀는 대학을 졸업하고 굴지의 회사에 다니는 사람과 결혼하여 살면서도 그 습관을 버리지 않았다. 월급을 받으면 우선 저축하였고, 길에 버려진 물건 중에서 쓸 만한 것은 주워 사용할 정도로 근검절약을 일상화했다. 그렇게 모은 돈을 도곡동의 급매물에 투자했다. 결혼할 당시 아버지로부터 받은 돈과 그동안 저축했던 돈으로 그 건물을 살 수 있었던 것이다.

그로부터 6년 후에 그녀는 그 건물을 매도하였다. 당시 건물 가격은 살 때보다 무려 10배나 올라 있었다. 그녀는 그렇게 100억대의 부자가 되었다. 이 모든 것이 그녀가 어려서부터 절약과 저축을 습관화한 덕분이었다. '부자는 습관이 만들어준다'는 사실을 그녀는 몸소 입증했다.

쩨쩨할 정도로 검소함을 유지하라

부자들은 이자 소득에도 민감하다. 그래서 그들은 단 0.01퍼센트라도 이자율이 더 높은 곳을 찾아서 맡긴다. 몇 억씩 가지고 있는 부자가 그까짓 몇 퍼센트의 이자를 가지고 따지느냐고 할 수 있지만, 부자들의 생각은 다르다. 이들은 부자가 되기 이전부터 높은 이자를 따라 거래 은행을 바꾸는 것을 습관화했다. 물론 부자가 되어서도 그런 습관을 계속 유지하고 있다. 이들을 볼 때, 결국 부자가 되기 위해서는 지금부터라도 비록 미미하지만 조금 더 이율이 높은 은행을 찾아다니거나 상품을 활용할 줄 알아야 한다.

한의사로서 억대 부자가 된 변씨는 이렇게 말한다.

"은행에 돈을 맡길 때는 이율이 조금이라도 높은 MMF나 MMD에 넣어두었다가 수익률이 높은 새로운 상품이 나오면 그 상품을 활용합니다."

은행에서는 매년 고객들을 확보하기 위해서 새로운 상품들을 쏟아낸다. 또 증권사도 고객의 구미에 맞는 새로운 펀드를 개발하여 시장에 출시하고 있다. 이런 은행 상품이나 펀드 중에는 짭짤하게 수익을 올릴 만한 상품도 적지 않다. 따라서 어떤 상품이 새로 나왔는지 항상 관심을 가지고 살펴봐야 한다.

부자들은 대금을 지불할 때 온라인을 이용한다. 수수료를 조금이라도 아끼기 위함이다. 또한 부자들은 주식 투자를 할 때에도 객장에 나오지 않는다. 객장에 나오는 사람들은 거의 배우자 몰래 주식에 투자한 이들이라고 봐도 무방하다.

온라인 주식 거래는 지점에서 직원을 통해 주문을 내는 것에 비해 수수료가 훨씬 저렴하다. 예전과 달리 증권사에서도 온라인 주문을 환영하고 있다. 고객이 집에서 온라인으로 거래하면 지점 직원의 인건비를 아낄 수 있기 때문이다. 따라서 증권사는 비용 절약 측면에서 온라인 수수료를 낮추어 고객의 온라인 거래를 유도한다.

온라인 수수료는 증권사와 거래 금액에 따라 차이가 있지만, 대부분 지점을 통한 수수료는 0.4~0.9퍼센트인 데 반해 온라인 수수료는 0.15~0.1퍼센트이다. 사실, 이 돈은 시시하다고 생각할 수 있다. 그러나 굴리는 액수가 크면 고려해볼 만하다. 예컨대 매장에서 1억 원으로 주식을 사고 팔면 세금과 수수료를 합쳐 약 130만 원이든다. 결코 작은 돈이 아니다. 그런데 온라인을 이용하면 같은 1억 원의 거래를 해도 약 36만 원 정도밖에 들지 않는다. 90만 원이 넘는 돈을 아낄 수 있는 것이다. 이처럼 부자들은 작은 돈까지 아끼고 모아 재투자한다.

현재 60세인 이씨는 20년 전 회사에 다니다가 구조조정 과정에 사표를 낸 후 미끄럼 방지 제품을 만들어 팔아 억대 부자가 되었다. 그는 요사이 노인복지관에서 실시하는 컴퓨터 교육을 열심히 받고 있다. 그 이유는, 첫 번째로 물품대금을 지불할 때 은행 수수료를 조금이라도 아끼기 위함이고, 둘째는 요즘 돈거래가 모두 전자상거래로 하기 때문에 이런 시대 흐름에서 낙오하지 않기 위함이다.

혹시 '나는 부자가 아니니까 그까짓 것 0.01퍼센트는 별깃 아니다'라고 생각하는가? 이런 생각을 버리지 않는다면 앞으로 1억 원을 모아도 여전히 돈 아까운 줄 모르고 수수료 따위에 흥청망청할 것이다. 부자가 되기 위해서는 단돈 500만 원을 가지고도 높은 수익률을 찾아 눈에 불을 켜고 다녀야 한다. 그리고 그런 습관이 몸에 배어 있어야 부자 대열에 합류할 수 있다.

돈을 버는 것도 낭비하는 것도 결국 습관이다. 쩨쩨하게 구는 것을 창피하게 생각한다면 결코 부자가 될 수 없다.

지출 습관을 바꾸어야 한다

저축과 마찬가지로 지출 역시 습관을 바꿔야 한다. 꼭 필요한 지출과 일반적인 욕망을 혼동하지 않아야 한다.

종잣돈을 만들기 위해서는 무엇보다 자기 절제를 잘해야 한다. 앞서 저축 목표를 제대로 수립하고, 그 목표를 달성하기 위해 어떻게 할 것인가를 정해놓았다고 하더라도, 습관을 바꾸지 않으면 어렵다. 예컨대 지하철로 갈 수 있는 거리를 보통 사람들은 피곤한 경우에 택시를 탄다. 하지만 부자들은 절대로 그렇게 하지 않는다. 택시를 타면서 "다른 곳에서 좀 아껴 쓰지 뭐!" 하고 자기 합리화를 하는 사람은 결국 다른 곳에서도 별로 아끼지 않는다.

부자들을 잘 관찰해보면 쓸 때는 과감하게 쓰는 것 같지만, 불필요하다고 생각되는 비용은 절대 지출하지 않는다. 그게 그들의 원칙이다. 부자는 보통 사람들이 맛있는 것을 찾아 몇천 원의 점심값을 더 낼 때, 자장면이나 도시락으로 점심을 해결하는 경제적인 선택을 한다. 그들은 자신의 행복을 침해하지 않는 수준에서 비용을 최대한 줄인다.

요즘 젊은 세대들은 집보다는 자동차를 먼저 장만한다. 삶의 질을 따진다면 당연히 자동차가 먼저라고 할 수도 있지만, 더 나은 미래를 위해서는 집부터 장만하는 것이 맞다. 차는 사는 순간부터 값이 내려가지만, 집은 잘 활용하면 사는 순간부터 올라갈 수 있기 때문이다. 만일 전세로 살고 있다면, 그 전세금으로 서울 근교에 집을 장만하는 것도 좋다. 집을 먼저 산 이후 큰 평수, 또는 더 좋은 지역으로 옮기는 전략이 필요한 것이다.

부자들과 가난한 사람들의 현금 흐름을 비교해보면 우리가 어떤 자세를 취해야 할 것인지 분명해진다.

먼저 가난한 사람들은 '근로소득=지출'로 흐른다. 그들의 소득은 꼭 필요한 지출에 맞는 정도이기 때문에 저축도 없지만, 사치도 없다.

이보다 좀 더 나은 형편의 사람들은 가난한 계층과는 달리 삶의 질을 높이기 위해 구입한 자동차, 새로운 집 등의 상환금 때문에 더욱 많은 빚을 지게 된다. 즉, 돈이 있으면 있을수록 오히려 그 빚은 더 축적된다.

반면 부자들은 비즈니스와 자산이 증가함에 따라 개인적인 지출을 비즈니스를 위한 지출로 전환한다. 그들은 수입을 다른 자산을 획득하는 데 이용할 줄 아는데, 이는 유형자산 및 포트폴리오의 수입을 생성하게 만든다. 이러한 현금 유용 패턴은 비즈니스를 통해 유형자산 및 포트폴리오 자산을 축적하게 되어 있다. 수입이 다양한 출처를 통해 이루어지게끔 만들기 때문에 한 가지 수입원에 문제가 생기더라도 그 밖의 다른 수입원을 통해 안전성을 유지할 수 있다.

특히 부자들은 돈을 내고 무엇인가를 사는 것에 매우 신중을 기한다. 수입은 일정한데, 쓰다 보면 돈이 모일 턱이 없다는 것이 부자들의 생각이다. 이들이 여전히 부자인 것은 수입을 늘리면서도 지출은 엄격하게 통제하기 때문이다.

부자가 되기 위해서 가장 기본으로 삼아야 할 원칙은 아무리 힘들어도 자신의 수입 중 최소 10퍼센트를 저축해야 한다는 것이다. 그리고 어떤 경우에라도 반드시 지켜야 할 것은, 버는 것보다 적게 써야 한다는 것이다.

대부분의 사람이 이미 지출한 돈을 갚기 위해 일을 한다. 그들은 월말에 결재해야 할 금액을 모두 처리했을 때 자신이 성공했다고 생각한다. 그러나 재산관리라는 관점에서 볼 때, 이는 아무런 가치가 없는 행동이다.

재산을 모으기 위한 실질적인 변화는 매월 초에 꼭 필요한 지출을 미리 처리해놓는 습관에서 시작된다. 대부분의 사람은 일반적으로 필요한 것을 위해 모두 지출한다. 반드시 지출해야 할 것을 미리 처리하고, 나머지 돈으로 생활해나간다면 라이프스타일 또한 그러한 패턴을 따라가게 된다.

꼭 필요한 경비를 미리 제외한 나머지 돈으로 생활하는 습관에 익숙해지면, 자신이 적은 돈으로 생활한다는 것조차 깨닫지 못하게 되고, 자연히 저축은 점차 늘어나게 된다. 정기적인 저축 프로그램을 운용하는 데 따른 자부심과 자기 통제력은 매우 큰 것이며, 스스로 발전하고 있다는 느낌도 갖게 된다.

수입의 일부분을 지속적으로 저축하면서 쓸데없는 지출을 제어해보자. 결과적으로 알짜 돈을 확보할 수 있을 것이다.

장기적 인내심을 키워라

저축을 재테크의 한 수단으로 생각한다면, 이는 큰 오산이다. 저축이 재테크의 수단이라는 것은 고금리 시대에나 가능한 말이다. 지금은 저금리 시대요, 물가 상승을 따지면 이미 한국은 금리 마이너스 시대에 돌입했다. 쉽게 말해 지금 은행에 1천만 원을 저축한다면, 1년 후의 1천만 원이 1년 전의 1천만 원의 구매력을 갖지 못한다.

그럼에도 왜 저축을 해야 할까?

저축의 가장 중요한 목적은 바로 '장기적 인내'의 연마다. 모든 투자의 장기적인 성과는 오로지 시간과의 싸움에서 승리하는 사람의 몫이다. 부자들은 모두 시간이 주는 복리를 통해서 커다란 부를 이루었다. 결국 투자에서 시간과의 싸움이란 얼마나 오랜 시간 동안 자신의 돈을 써버리지 않고 투자할 수 있는가 하는 인내의 문제인 것이다.

여기에 저축의 가장 중요한 목적이 나타난다. 저축은 몇 개월에서 몇 년간 인내하면서 돈을 조금씩 쌓아가는 과정이다. 자신이 목적한 저축 액에 다다르는 과정 동안 시간을 지배하는 인내법을 배우는 것이다.

일흔이 넘은 박분례 할머니는 가난한 시절 평택 주변에서 포장마차를 15년간 운영하였다. 새벽 5시에 장사를 마치고 집에 와 세탁이나 집안일을 하고 나면 7시가 된다. 그제야 눈을 붙인 할머니는 오후 1시에 일어나 먼저 은행에 들른다. 전날 장사로 번 돈 중 식재료 살 돈만 남기고 모두 저축한다. 그러고는 시장에 들러 그날의 장사를 준비한다.

할머니는 겨울에 발에 동상이 걸렸으나 돈이 아까워 병원을 가지 않고 콩 등 소위 민간요법으로 치료하였다. 할머니는 돈을 더 많이 벌기 위하여 국수도 팔았다. 그렇게 판 돈 중에서 필요한 돈을 제외하고는 모두 저축하였다. 그렇게 저축한 돈으로 평택, 수원 등지의 땅을 샀다. 그 후 그 땅이 개발되어 주택이 들어서면서 땅값이 폭발적으로 올랐다. 할머니는 땅을 판 돈으로 부천역 부근에 1층 건물을 사들여 보신탕 전문집을 오픈하였다. 이제 할머니는 그 보신탕집을 자녀에게 물려주고 편안한 여생을 보내고 있다.

이 모든 것이 한 푼 한 푼 모아 저축한 결과다. 부모로부터 큰 재산을 물려받지 못한 평범한 소시민은 부자가 되기 위해서는 저축에서부터 시작해야 한다는 사실을 박분례 할머니가 보여준 것이다.

부자가 되지 못하는 사람들의 공통점 중 하나는 바로 저축에 성공하지 못한다는 점이다. 물론 예외도 있지만, 대개 처음 개설한 통장의 마지막 개월 차를 불입할 때까지 적금을 해약하지 않고 버티는 사람이 드물다.

이처럼 부자가 되는 가장 단순하면서도 기본 중의 기본은 저축이다.

저축에서 인내력을 발휘하지 못한다면 저축보다 더 어려운 주식 투자나 부동산 투자에서도 실패할 수밖에 없다.

🔑 저축으로 지출을 통제하고 절약을 훈련하라

저축은 지출 통제와 절약의 생활을 체화하는 훌륭한 수단이다. 모든 투자의 가장 큰 적은 소비 욕구와 그에 따른 지출이다. 갖고 싶은 명품 시계나 핸드백, 그리고 남들의 시선을 끄는 고급 자동차 등 소비 욕구를 부추기는 것들이 우리 주위에 넘쳐난다. 고도의 기업 마케팅과 광고가 우리의 소비 욕구를 끊임없이 자극한다. 이럴 때 장기적인 저축은 지출을 통제하고 수입을 확장시키는 좋은 의미의 족쇄가 된다.

월급에서 가장 먼저 빠져나가는 것이 신용카드 대금이 아니라 적금통장의 불입금이 되어야 한다. 월급의 절반을 적금통장에 불입한다면 나머지 절반으로 생활할 수밖에 없다. 그러면 주변에 돈을 쓰고 싶은 강력한 유혹이 존재하더라도 지출을 통제할 수밖에 없다. 지출을 억제하고 잔고를 불리는 저축은 그래서 부자로 가는 기본이자 대단히 중요한 수단이다.

분명 저축은 돈이 돈을 만드는 법, 투자 방법을 배우기 위한 첫 관문인 것이다.

쓸 때 쓰되, 불필요한 낭비는 줄여라

드라마나 영화에서 보면 부자들은 돈을 펑펑 쓴다. 값비싼 외제차를 몰고 다니고 호화로운 생활을 한다. 돈을 주체하지 못해 사치생활을 즐긴다. 실제로 모든 부자가 다 그런 것은 아니겠지만 또 일부에게는 맞는 이야기일 것이다.

돈을 버는 목적은 자기가 원하는 대로 살면서 경제적 자유를 누리기 위함 아닌가? 그렇다면 그들의 행태가 실제일지라도 이렇다 저렇다 말할 이유가 없다. 돈은 쓰라고 있는 것이다. 돈을 쓰는 일만큼 신 나는 일도 없을 것이다.

그런데 실제적으로 부자들의 지출 내용을 보면 보통 사람들이 생각하는 것과는 많은 차이가 있다. 부자들의 지출 내역에는 재미있는 사실이 있다.

한 조사기관에서 부자들을 상대로 지출 내역을 조사한 바에 의하면,

그들은 자신의 월수입에서 약 11~20퍼센트를 지출하고 있다. 그들은 지출액 외의 나머지를 저축하거나 투자한다. 그들은 외식과 여행에 가장 많은 금액을 지출하고 있다.

부자들은 거의가 1년에 한두 번 가족과 함께 해외여행을 한다. 그러면서도 경비를 아끼는 방법을 찾아 가급적 돈을 적게 들이면서 알뜰한 여행을 한다. 부자들이 해외에서 제일 많이 하는 것이 골프인데, 그것은 골프 치는 데 드는 비용이 우리나라보다 훨씬 저렴하기 때문이라고 한다.

부자들이 해외여행을 좋아하는 두 번째 이유는 부부가 함께 면세점에서 쇼핑을 하기 위함이다. 영화나 드라마의 모습과 달리 사실, 부자들은 거의가 자린고비다. 그러나 자신과 가족의 품위를 지키기 위해서는 돈을 아끼지 않는다.

부자가 되기 위해서, 부자들의 지출방식을 배울 필요가 있다. 부자가 되기 위해 따라야 할 지출 원칙은 다음 세 가지다.

첫째, 필요 없는 물건은 사지 않는다.
둘째, 필요한 물건이라도 가급적 싸게 산다.
셋째, 품위 있는 생활을 위해서는 적당하게 비싼 물건을 구입한다.

물론 앞서 언급했듯, 일부 부유층 중에는 사치로 과소비하는 경향이 있다. 그러나 이는 극히 일부분에 지나지 않는다. 이들 대부분은 부모로부터 많은 재산을 물려받은 사람이다. 즉, 자수성가로 부자가 된 사람들은 대부분 과소비와는 거리가 멀다.

그럼 진정으로 과소비하는 사람은 누구일까? 월세 살면서도 필요

없이 중형 자동차를 끌고 다니면서 외식하는 사람들이다. 이들 중 일부는 자동차 보험료도 내지 못하면서도 근사한 데 가서 외식을 한다. 보험료도 못 내고, 카드 사용료도 제때 내지 못하여 매일 독촉에 시달리면서도 아무렇지 않게 생활한다. 이들이야말로 진정한 과소비의 주인공들이다. 이들은 처음부터 부자가 되기를 포기한 사람들이다.

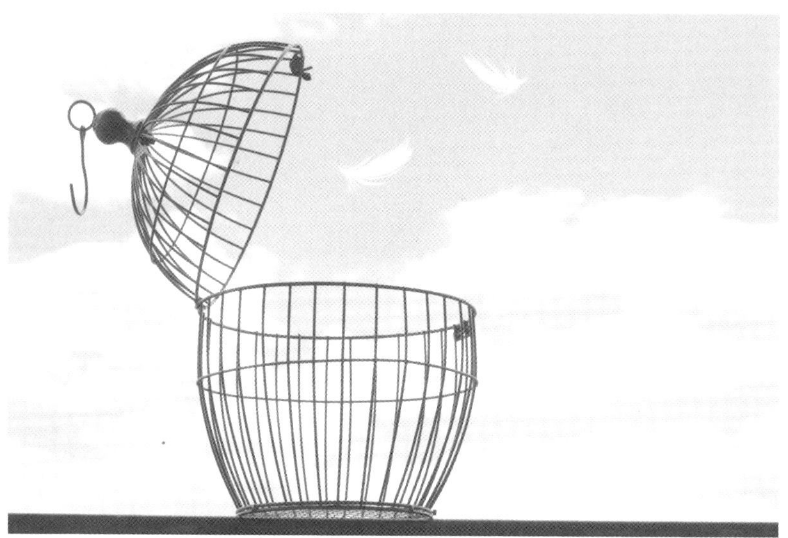

세금, 최선의 절세법을 찾아라

일상에서 절약하는 법 못지않게 중요한 것이 세금에서 절약하는 법이다.

'세금과 죽음은 피할 수 없다.'

서양 격언에 나오는 말이다. 국민의 4대 의무 중 하나인 납세 의무는 피할 수 없다. 그러나 돈도 없고 땅도 없는 보통 사람에게는 합법적이라면 세금을 안 내는 것이 최선이고, 가능한 한 적게 내는 것이 차선이다.

지금처럼 마이너스 금리 시대에는 절세가 무엇보다 중요하다. 위험을 무릅쓰고 투자를 해 간신히 이익을 냈지만 안 내도 될 세금을 내 원금도 유지하지 못한다면 이처럼 허무한 일도 없을 것이다.

세금은 내용이 복잡하기에 전문가의 도움을 받는 것이 좋다. 무엇보다 중요한 것은 절세의 생활이 몸에 배도록 하는 것이다.

분명한 것은, 저금리 시대에 성공하고, 그래서 부자가 되기 위해서는 절세의 노하우를 익혀야 한다는 점이다.

다음은 전문가들이 추천하는 생활 절세의 원칙 다섯 가지이다.

첫째, 미래를 내다보는 만큼 세금 절약에 노력을 기울인다.

예를 들어 아파트가 아닌 주택 등 부동산을 팔 계획이 있다면, 해마다 발표되는 '표준공시지가'를 잘 살펴보는 것이 좋다. 이를 토대로 소유하고 있는 부동산의 '개별공시지가'가 오를 것으로 예상되면 그 전에 거래를 끝내고 잔금까지 받아야 한다. 기간이 지나면 인상된 개별공시지가가 적용돼 양도세, 증여세 등을 더 내야 하기 때문이다. 반대로 개별공시지가가 내릴 것으로 예측되면 거래를 기간 만료일 이후로 미뤄야 세금을 덜 낸다.

전문가는 모든 절세의 시작은 '예측'이라고 말했다. 얼마나 신경을 쓰고 예측해서 행동하는지에 따라 결과, 즉 절약되는 돈, 없어지는 돈이 크게 달라지기 때문이다.

둘째, 법이 허락하는 선에서 절세 방법을 연구한다.

세법은 1가구 1주택 소유자에게 양도소득세를 면제해주는 등 특정한 조건을 갖춘 사람에게 절세 혜택을 주고 있다. 특히 세금에 관한 법과 규정은 자주 변하므로 정부의 발표와 신문 등에 소개되는 절세 가이드 등을 꼼꼼히 챙기는 것이 좋다.

셋째, 세금이 없거나 적은 금융 상품에 투자한다. 주식이나 채권에 직접 투자하거나 펀드에 간접 투자해서 번 증권 매매 차익에는 소득세가 붙지 않는다. 또 은행이나 증권사에서 금융 상품에 가입할 때는 같은 값이면 비과세, 세금우대, 분리과세 혜택이 있는 상품에 가입해야 한다.

넷째, 이자 수입 시기를 연도별로 고르게 분석한다. 금융 소득이 많은 사람은 한 해의 소득이 4천만 원을 넘지 않도록 이자 수입이 들어오는 연도를 분산하는 것이 좋다.

다섯째, 부부의 재산을 분할한다. 과거에는 이자 소득, 배당 소득, 부동산 임대 소득 등 자산 소득은 부부간에 따로 소득이 발생해도 합해서 과세했다. 지금은 부부의 소득에 대해 각각 과세하므로 증여세가 발생하지 않는 범위 안에서 부동산과 예금 등 재산을 분할해놓으면 소득세를 줄일 수 있다.

절세는 곧 돈이다. 즉, 절세를 잘한다는 것은 돈을 잘 번다는 것과 통한다고 하겠다.

Chapter 3

부자의 노하우를 습득하라

RICH HABIT 1

기회는 바로 내 주위에 있다

40대 후반인 윤씨는 이를 악물고 부자가 되겠다고 결심했다. 그는 가난한 가정에 태어나 어린 시절을 어렵게 지냈다. 고등학교에 입학했을 때에도 그의 집안은 가난을 벗어나지 못하였다. 그가 다닌 고등학교는 돈 문제에 대해서 정평이 나 있는 사립학교였다. 그는 공납금을 제때에 내지 못하여 담임 선생님으로부터 여러 번 "밀린 수업료를 내지 못하면 학교에 오지 말라"는 소리를 들었다. 그러나 담임 선생님의 가혹한 독촉에도 불구하고 꿋꿋하게 등교를 했고, 그렇게 3년을 버티었다.

그런데 대학입시 원서를 쓰던 날, 담임 선생님은 수업료를 두 번씩이나 밀렸으니 원서를 써줄 수 없다면서 그를 쫓아내었다. 그해 겨울은 몹시 추웠다. 눈물을 흘리면서 그는 결심했다.

'돈을 벌어서 반드시 이 학교를 사버리겠다!'

　그는 외삼촌에게 3년 내에 갚는다는 조건으로 돈을 빌려 밀린 수업료를 내고 입학원서를 써 입학시험을 치렀다. 대학 입학 후에도 경제 사정은 나아지지 않았다. 그는 도저히 학교에 다닐 수 없어 한 학기만 마치고 군에 입대하였다.

　제대 후 그는 학교 주변 상가를 유심히 살폈다. 대학생뿐만 아니라 젊은이들이 많은 이곳에서 어떤 사업을 하면 잘될 것인가를 연구하였다. 그러다가 ‘사업 정리’ 간판이 붙어 있는 가게를 발견하였다. 그는 그 가게를 인수하여 사업을 하기로 하고 외삼촌을 설득하였다. 운영은 윤씨가 하되, 수익은 절반씩 나누는 조건이었다. 결국 외삼촌은 그 가게를 인수하는 데 필요한 자금을 대주었다.

　가게를 인수한 윤씨는 지난 번 주인이 왜 망했는지를 곰곰이 생각했다. 너무 점잖은 캐주얼만 팔아서 주요 고객인 젊은이들로부터 외면당하여 망했다는 것을 깨달은 윤씨는 동대문 상가에 가서 젊은이들의 기호에 걸맞은 유행 의류를 가져다 놓았다. 반응은 가히 폭발적이었다. 그는 1년도 안 되어 외삼촌이 투자한 돈을 모두 갚았다. 그러자 외숙모가 가게에 관심을 보였다. 그는 자신이 인수했을 때보다 3배나 많은 권리금을 받고 외숙모에게 넘겼다. 그러고는 그 돈으로 다시 가게를 차렸다. 이번 아이템을 액세서리로 하고, 동대문 상인으로부터 저가형 액세서리를 공급받아 판매하기 시작하였다. 이번에도 대성공이었다.

　윤씨는 10년간 그 대학 일대에서 장사를 하며 돈을 모았고, 지금은 동대문 쇼핑센터에 상가를 세 개나 사 임대해주고 있다. 이제 사업의 아이템을 임대업으로 바꾼 것이다.

　이처럼 부자들은 자신의 주변에서 기회를 찾는다. 주도면밀하게 파악한 정보를 토대로 승부를 걸어 성공의 발판을 마련한다. 또한 자신이 잘 아는 곳에 투자를 한다. 남들의 성공에 부화뇌동하지 않는다.

부자들은 그들만의 기회를 잘 찾는다. 지금 하고 있는 일, 살고 있는 곳에 무수한 기회가 있음을 알고 그 기회를 끊임없이 찾는다.

기회를 포착하면 놓치지 말라

방씨는 40대 후반에 부자가 된 사람이다. 20여 년 전, 그가 다니던 회사는 대기업에 물품을 납부하는 중소기업이었다. 원자재 담당이던 그는 회사에 다니면서 부자가 되겠다는 생각을 가지고 돈을 모으기 시작했다. 봉급에서 일부를 저축하였고, 그 외에도 예기치 않은 수입이 생기면 모조리 저축했다. 그에게 불법적이 아니면서도 생기는 부수입은 많았다. 그는 그 돈을 유흥이나 쓸데없는 것에 한 푼도 쓰지 않았다. 그는 끊임없이 부지런히 돈을 모았다. 지금 돈을 모으지 않으면 기회가 없을 것이라고 생각하면서 말이다.

방씨가 다니던 회사는 대기업에서 물품대금으로 어음을 받았다. 그러면 회사는 그 어음을 명동 사채시장에서 할인하여 현금화하였다. 그것을 안 그는 명동 사채시장을 통하여 자신이 다니는 회사의 어음을 최종적으로 사들였다. 자기가 다니는 회사는 절대로 부도가 나지 않을 것이라는 확신이 들었기 때문이다. 동시에 그는 자신이 잘 아는 회사의 어음도 사들이기 시작했다. 처음에는 몇천만 원 단위로 거래했으나 2년이 지나면서 억대로 확장되었다. 어음을 가지고 있다가 날짜가 되면 회수하였다.

그는 그렇게 돈을 만지면서도 회사에 계속 다녔다. 나중에 동료 직원으로부터 기회주의자라는 욕도 얻어먹었지만 개의치 않았다. 그런 기회를 이용하지 못한 사람이 바보이며, 그런 사람은 절대로 부자가 될 수 없다고 생각했다.

기회는 올 때 붙잡아야 부자가 된다는 것을 방씨의 사례가 잘 보여 주고 있다.

🔑 기회 포착의 명수, 변대규 휴맥스 사장

1989년 2월, 관악산 기슭 끝자락에 위치한 서울대학교 부근에 허름한 사무실에 서울대 제어계측학과 출신 몇 명이 모였다. 모두 가까운 친구들이었다. 그들은 사무실에 '건인시스템'이라는 간판을 걸었다. 이렇게 시작한 회사가 2010년 연매출 1조 원을 돌파한 휴맥스다.

이보다 앞서 1989년 초, 변 사장을 비롯하여 세 사람은 신림동 포장마차에 모여 소주잔을 기울이면서 진로를 논의했다. 그들은 모두 서울대를 졸업했거나 대학원에 다니는 엘리트로, 사업을 하려는 의지가 넘쳐났다. 그들은 일단 사업에 필요한 절차나 자금 마련에 대한 모든 권한을 변 사장에게 위임했다.

사무실을 차린 변 사장은 우선 자금을 마련해야 했다. 그는 고민 끝에 기술신용보증기금을 찾아갔다. 사업 자금으로 5천만 원짜리 보증서를 신청하자 담당 직원이 그에게 집문서를 가져오라고 하였다. 당시 서울에서 하숙 신세를 면치 못하고 있던 그는 사실대로 고백했다. 그러자 직원은 그를 학생으로 보고는 "하숙을 하는 학생이 보증을 받으러 오는 것은 처음입니다"라고 말하였다.

어렵사리 창업 자금을 확보한 변 사장은 그때부터 기술 개발에 매달렸다. 그는 처음 5년 동안은 무작정 기술 개발에만 올인했다. 주로 공장 관련 용역 사업을 했고, 비디오 신호처리 기술 개발 등에 주력했다.

이때 변 사장은 시장 흐름을 간파하지 않은 채 무조건 제품만 개발했기 때문에 고난의 연속이었다. 그런 과정에 나온 제품이 'PC용 영상처리보드'였다. 제품 개발 이후 광고문을 작성하면서 마지막에 영상 위에 자막을 넣을 수 있는 기술이라는 것을 강조하였다. 의외로 반응은 좋았다. 이때 노래방 붐이 불었는데, 당연히 노래방 영상에 가사를 띄우는 데 이 기술이 사용되었다.

변 사장은 창업할 때부터 개발한 것은 카메라에서 들어오는 아날로그 신호를 디지털로 바꾸는 기술이었다. 그는 곧 아날로그 시대에서 디지털 시대로 전환할 것으로 예측하고 이런 시대가 주는 기회를 잡기로 마음먹었다. 디지털 가전의 새로운 영역을 개척하는 데 승부를 건 것이다. 아날로그 기술에 기반을 둔 가전 사업이 디지털 기술과의 결합으로 커다란 변화가 올 것이라는 그의 예측은 정확히 맞아떨어졌다.

1990년도 후반이었지만, 앞으로 디지털 시대가 올 것으로 예측한 변 사장은 셋톱박스의 기초가 되는 반주기 사업을 시작했다. 사업을 시작한 초기에는 그럭저럭 되어갔다. 구매도 조금씩 이루어져 그런대로 버틸 만했다. 그러나 그에게 뜻하지 않은 위기가 찾아왔다. 그것도 단번에 태풍 같이 몰려든 위기였다. 대형 방송사를 타깃으로 공들인 끝에 납품 단계에 들어갔는데 그 방송사가 다른 방송사에 넘어감으로써 그동안 준비했던 모든 것이 물거품이 된 것이다. 엎친 데 덮친 격으로 이탈리아와 남아프리카에 수출했던 제품들에 결함이 생기면서 모두 반품을 받아야 했다. 그리하여 1997년도에는 수출을 한 건도 하지 못하는 불행을 맞이하게 되었다.

설상가상으로 1997년에 해태전자가 도산했다. 당시 해태전자에 CD 가라오케를 납품하던 변 사장도 이제 문을 닫을 지경에 이르렀다. 당시 해태전자는 해태그룹 소속이었기에 담보도 잡지 않고 납품을 한 그는 240억 원이라는 막대한 돈을 한 푼도 건지지 못하게 되었다. 그와 함께한 최고재무 책임자는 그에게 "이쯤에서 그만 사업을 접는 것이 좋겠습니다"라는 극단적인 말까지 했다.

회사가 문을 닫을 지경이 되자 변 사장은 직원들 모두 제 갈 길을 가도록 하였다. 그리고 자신의 앞날도 생각했다. 그는 회사에 취직하여 편안한 삶을 살 수도 있었다. 그러나 기업을 시작할 때 꿈꾸었던 구상을 꼭 실현하고 싶었다. 그는 그 꿈을 절대로 포기할 수 없었다. 그래서 혼자서라도 해보려고 다음 날 아침 사무실로 출근을 했다.

그런데 그와 함께 사업을 시작했던 친구들은 모두 변 사장을 떠나지 않았다. 눈물을 머금고 주머니에 남아 있는 돈을 털어서 퇴직금을 주고 떠나보냈는데, 그들이 모두 출근을 한 것이다. 깜짝 놀란 변 사장에게 그들은 오히려 위로를 하였다. 그리고 다시 제품 개발에 열을 올렸다. 그렇게 하여 다시 신제품이 나왔고, 그것은 회사의 재기를 알리는 신호탄이 되었다.

이는 그들이 동기 동창이라는 학연에서 비롯된 것이 아니다. 그동안 변 사장인 보여준 신뢰와 열정 때문이었다. 그것이 반드시 재기할 것이라는 믿음을 주었던 것이다. 제품은 반품되고, 거래하던 대기업이 문을 닫아 어려움에 처했을지라도 그를 믿고 따르는 기술자들이 있는 한 그에게는 아직 희망이 있는 것이었다. 그 희망은 곧바로 날개를 펴기 시작했다.

그렇게 2개월이 지나자 결과가 나왔다. 고락을 같이한 동료들과 함께 만든 신제품이 시장에서 대히트를 쳤다. 신제품은 만들기가 무섭게 팔려나가면서 1997년 매출이 142억 원을 기록하였다. 매년 사업이 번창하면서 2005년에는 연 매출이 5천억 원을 돌파하였다.

변 사장은 여기에 만족하지 않았다. 이 기회를 성장을 위한 발판으로 삼았다. 그는 효율성을 높이기 위하여 회사 내 시스템을 개선하기 시작했다. 이 같은 변화로 회사는 계속 발전을 이어갔다. 그리하여 2010년 매출이 1조 52억 원으로 껑충 뛰었다. 또한 전 세계 15개국에 법인과 지사를 두었고, 폴란드에 제품을 생산하는 자체 공장을 세웠으며, 80개국에 셋톱박스를 수출했다.

변 사장은 소위 벤처기업 1세대다. 그의 회사는 연매출 1조를 돌파한 성공한 벤처기업으로 통한다. 그는 대학 동기생들과 함께 기업을 시작하면서 목표를 강하게 설정했다. 목표가 강하면 신념이 생기는 법이다. 그는 휴맥스가 이토록 성공하게 된 이유를 동료들에게 돌렸다.

"좋은 사람들이 어려움 속에서도 회사를 떠나지 않은 덕분입니다."

그 '좋은 사람들'이 그의 곁을 떠나지 않은 이유는 변 사장의 인품은 물론이고, 무엇보다 기회를 포착할 줄 아는 능력을 믿었기 때문이다.

오늘날, 변 사장이 이끄는 휴맥스는 방대한 기업으로 변신하였다. 신림동 변두리에서 시작한 사무실이 현재는 분당에 자체 건물을 소유하고 있으며, 직원 대여섯 명으로 시작한 규모는 본사 직원만 700여 명으로 커졌다.

2011년 창립 22주년을 맞이한 휴맥스는 당시 1월 분당 본사에서 창립 22주년 기념식을 갖고, '2015년 매출 2조 3천억 원 달성, 글로벌 TV셋톱박스 시장에서 3위 진입'이라는 새로운 목표를 설정했다. 그러면서 '현재를 뛰어넘는 디지털 기술을 창조하여 세계 시장을 기반으로 세계적 기업으로 성장한다'는 새 미션을 선포하였다.

변 사장은 눈부신 발전을 이루었으나 앞으로 더욱더 발전하기 위한 기회를 여전히 찾고 있는 것이다.

위험한 곳에서 기회를 찾아라

송씨는 명함을 내놓을 만한 직장을 한 번도 다녀본 적이 없다. 가난한 시골에서 태어난 그는 지방 고등학교를 간신히 졸업한 후 무작정 상경하였다. 제대로 공부를 못한 그를 거둘 곳은 그리 많지 않았다. 그가 시작한 것은 구두 매장 판매원이었다. 그는 설상가상으로 친척에게 월세 보증금까지 사기당해 매장 창고에서 잠을 자기도 했다.

그렇게 고된 생활을 하면서 그는 돈을 꾸준히 모았다. 이윽고 자기 사업을 하겠다 마음먹고 시작한 것이 생맥줏집이었다. 그 생맥줏집은 서울 변두리에 위치하고 있었는데, 인수할 때 돈이 부족하여 전 주인의 사채를 떠안고 시작했다. 사채가 그렇게 무서운 줄 몰랐던 그는 눈덩어리처럼 커져가는 빚을 감당할 수 없어, 신촌에서 사채업을 하는 친척을 찾아가 싼 이자로 돈을 빌려 갚았다.

송씨는 생맥줏집을 하다가 돈이 또 어느 정도 모이자 이번에는 인근에 매물로 나온 스탠드바를 사들였다. 그렇게 두 곳을 운영하다가 돈이 더 벌리자 이번에는 고급 술집 두 곳을 인수하였다.

송씨는 돈이 모일수록 사업을 확장했다. 사실, 사업 확장에는 항상 위험이 도사리고 있다. 그러나 그는 자신처럼 제대로 교육도 못 받고 기술도 변변치 않다면 위험이 도사리고 있는 일을 해야 한다고 생각했다. 그는 위험한 곳에 큰돈을 벌 기회가 오히려 더 존재한다고 생각한 것이다. 위험을 생각하면 아무것도 할 수 없으며, 많은 돈을 벌려고 하면 그만큼 더 큰 위험을 감당해야 한다는 것이 그의 신념이다.

🔑 신념으로 위기를 극복한 김쌍수 전 LG전자 부회장

김쌍수 전 부회장은 어떠한 어려움도 강한 신념만 있다면 극복할 수 있다고 믿는 사람이다. 그는 어떤 결정을 하기 전까지는 심사숙고를 하지만 일단 결정을 내리면 그것이 이루어질 것이라는 신념으로 최선을 다해 과제를 완수하는 스타일이다. 그는 쉬지 않고 꾸준히 열심히 일만 하면 마침내 큰일을 이룰 수 있다는 신념을 가지고 있다.

그는 34년간 자신이 맡은 일을 완수한 끝에 성공한 인물이다. 그는 해외 근무 경력이나 웬만한 기업의 부장급이면 다 가는 해외 연수, 대학원 수료 과정도 거치지 않았다. 부장을 거쳐 몇 년 만에 승승장구하여 CEO에 오른 사람과 달리 그는 이사직만 20년 이상 했다. 하지만 주어진 목표를 향해 나아가면 반드시 그 목표를 달성할 수 있다는 신념으로 끝내 자신의 시대를 열고 말았다.

1990년대 중반 LG전자의 백색가전 부문은 커다란 위기를 맞았다.

선진국의 가전 회사를 따라잡거나, 미국 유럽 등에 진출하기에는 역부족인 상황에서 중국 등 후발국에 가격 경쟁력까지 밀리며 해외 시장에서 점점 설 자리를 잃어가고 있었다. LG전자는 돌파구가 필요했다. 이때 구원투수로 나선 이가 그였다.

1996년 그는 창원공장의 리빙시스템 사업본부장으로 부임했다. 부임하자마자 그는 '생산성 향상과 수출 극대화'를 목표로 내걸고 세탁기 생산라인부터 뜯어고치기 시작했다. 240미터에 달하는 생산라인은 그가 부임한 이후 40미터로 줄었다. 중저가 대신 프리미엄급 가전제품을 생산하겠다는 게 그의 생각이었다.

그러나 줄어든 공장 생산라인을 바라보는 주위의 시선은 곱지 않았다. 그 이유는 소비자들의 관심이 디지털 가전으로 쏠리고 있는 이때 수익성이 불투명한데도 백색가전, 그것도 고가 프리미엄급으로 전환하는 것은 이치에 맞지 않는다고 생각한 것이다. 그러니 그것을 고집하는 그를 못마땅하게 생각하는 것은 당연하였다. 사내에선 그 계획을 포기해야 한다는 의견이 제기되었다. 그때 엎친 데 덮친 격으로 외환위기가 닥치자, 소비경기가 어려운데 그런 비싼 가전제품이 통하겠느냐는 여론이 점차 설득력을 얻어갔다.

하지만 그에게는 백색가전에 대한 신념이 있었다. 그는 그 신념을 굽히지 않았다. 오히려 그는 프리미엄급 제품 개발에 박차를 가하였고 결국 그의 계획은 성공했다. 오늘날 많은 가정에서 사용하고 있고, 전 세계적으로 명성을 떨치고 있는 휘센, 트롬, 디오스로 이어지는 제품들이 탄생하게 된 것이다. 이것은 모두가 그의 신념에서 나온 걸작들이었다.

이보다 더 거슬러 올라가, 1987년 그가 창원공장 제2사업장으로 발령받았을 때의 일이다. 그 당시는 노사분규가 극에 달한 시기로, 창원공장도 예외는 아니었다.

회사는 커다란 위기에 봉착했다. 그는 노사화합과 안정이 경영의 핵심 과제라고 판단했다. 그는 아침마다 출근하는 사원들에게 인사하는 것을 시작으로 2개월 동안 노사분규 해결에 매달렸다.

그는 데모와 파업으로 어수선한 현장을 한 번도 떠나지 않고 그들과 함께 생활하면서 그들의 고충을 들어주고 자신이 할 수 있는 것은 물론 할 수 없는 일도 해결해주려고 애썼다. 사업본부장이 공장 근로자인 자신들과 함께 생활하면서 매일 아침마다 먼저 인사를 하고 격의 없이 대화하려고 노력하는 그의 진심에 노조원들은 깊은 감동을 받았다. 진솔하게 다가간 그가 노조원들의 마음을 연 것이다. 진심을 다하는 그에게 노조원들은 마음으로 승복하고 공장 패쇄 일보 직전이었던 노사분규는 마침내 해결되었다.

그는 노사분규 문제만 해결하면 회사를 그만둘 작정이었기에 바로 사표를 제출했다. 그러나 회사 경영진이 그의 사표를 단숨에 반려하는 바람에 그는 회사를 떠나지 못했다. 그 후에도 그는 여전히 현장 근무가 좋았기에 노동자 곁을 떠나지 않았고 항상 현장을 중시했다.

그에게는 생산라인이 있는 공장뿐만 아니라 사업파트너와 만나는 자리도 현장이었고, 고객과 만나는 자리도 현장이었으며, 언론인들과 만나는 자리도 현장이었다. 그는 그 현장에서 지식을 배울 수 있고, 그 지식이 실질적인 도움이 된다고 생각했다.

2003년 10월, 그가 LG전자 대표이사로 취임하면서 강조한 것이 '한방에 끝내는 혁신경영'이었다. 한방에 해결하자는 것을 강조하다 보니 나온 것이 ‘주먹밥 사고’다. 주먹밥 사고는 여러 가지 반찬을 한 상 가득 차려놓고 하나씩 집어먹는 게 아니라 한꺼번에 뭉쳐놓은 주먹밥을 먹듯 혁신을 실행해야 성과가 더욱 커진다는 논리다.

그의 혁신은 ‘6시그마’와 ‘TDR’로 대표된다. ‘6시그마’는 GE로부터 벤치마킹해온 것이지만, 각 분야의 전문 인재들이 팀을 구성해 문제의 근원에서부터 해결 방안을 찾아가는 프로젝트 방식인 ‘TDR’은 순수한 그의 창작품이다.

1990년대 중반 그가 내놓은 ‘TDR’은 사무·연구 개발 분야의 고급 인력을 한데 모은 태스크포스팀으로, 이곳에서 집중적으로 혁신 과제를 연구하도록 했다. ‘6시그마’가 혁신의 형식이라면, ‘TDR’은 방법론의 산실인 셈이다. 실제로 업계에선 ‘6시그마’와 ‘TDR’ 활동이야말로 LG전자가 매년 20퍼센트 이상 성장할 수 있었던 비결로 꼽는다. 이러한 성과를 바탕으로 그는 2002년 창원공장에 스파르타식 ‘혁신학교’를 개설, 전자 분야의 혁신 성과를 LG그룹 모든 계열사로 확산하는 계기를 만들었다. 이처럼 그는 위험이 도사리고 있는 위기 속에서도 끊임없이 기회를 찾아 그것을 붙잡았다.

기회는 스스로 만들어야 한다

기회는 말이 아니라 행동으로 잡을 수 있다. 우리 인생에는 보통 세 번의 기회가 있다고 한다. 이 말은 사람이 한평생 살면서 세 번의 기회가 오므로, 첫 번째나 두 번째 기회가 왔을 때 잡지 못하였다고 해서 실망하지 말고 다음 기회를 기다리라는 뜻이다. 다른 한편으로는 긴 인생에서 기회가 고작 세 번밖에 오지 않으니 그 기회가 올 때 놓치지 말라는 뜻이다.

기회는 인생을 만들고 인생이 기회를 만든다. 그러나 아무리 인생을 열심히 살아도 기회를 놓치게 되면 꿈은 멀어지게 마련이다. 따라서 기회를 맞이할 준비를 항상 하고 있어야 한다.

부자들은 기회를 맞이할 준비를 어떻게 했을까? 무엇보다 자신의 삶에서 최선을 다하여 열심히 살았다. 주어진 상황에 최선을 다할 때 기회가 찾아온 것이다.

한 부부가 있었다. 중국집을 운용하며 성실하게 살던 어느 날, 지하의 호프집에서 불이 나 이들 부부가 사는 집 또한 여지없이 모두 타버리고 말았다. 이들 부부는 재산을 잃고 거리에 나앉을 처지가 되었다. 할 수 없이 아이들과 함께 지하 단칸방을 얻어 궁핍한 생활을 시작했다.

그러나 살아야 하므로 남편은 오토바이 퀵서비스를 했고, 부인은 자동차 세차업에 뛰어들었다. 퀵서비스를 하는 남편은 특히 추운 겨울이나 무더운 여름에 일하는 것이 보통 힘든 일이 아니었다. 부인도 고통스럽기는 마찬가지였다. 엄동설한에 세차를 하다 보면 물이 장화 속으로 들어가 발은 꽁꽁 얼어 동상에 걸리기 일쑤였다. 그러나 그렇게 힘든 생활을 하면서도 그들 부부는 내일의 꿈을 잃지 않고, 들어오는 수익 중에서 꼭 필요한 생활비만 쓰고 악착같이 모아나갔다.

그렇게 5년이 지나, 부인은 아예 그 세차장을 인수했다. 부인은 인건비도 줄일 겸 남편에게 퀵서비스를 그만두게 하고 함께 세차장 일을 해나가자고 했다. 고등학교에 들어간 아들 역시 바쁠 때는 수업을 마치고 와 세차 일을 돕기도 했다. 그들의 세차장은 성실하고 친절하다는 평판이 주위에 퍼지면서 손님이 더욱 많이 늘어났다. 세차를 하기 위해 대기표를 받고 기다려야 할 정도로 문전성시를 이루었다.

그들 부부는 세차장을 인수한 지 3년 만에 조그마한 빌라를 사서 내집 마련의 꿈도 이루었다. 그들 부부는 거기에 만족하지 않고 더욱 열심히 일했고, 들어오는 수익에서 무엇보다 저축부터 하여 돈을 모았다.

그러던 어느 날 부인은 세차하러 온 부동산 중개업자의 통화를 듣게되었다. 내용은 나대지 급매물이 나왔는데, 그것을 사놓으면 돈이 된다는 것이었다. 마침 부인은 그동안 모아두었던 돈을 투자할 마땅한 곳을 찾고 있던 터였다. 부인은 부동산 중개업자를 만나 자세한 내용을 들은 후 그곳에 가봤다. 버려진 것과 다름없는 나대지로 악취가 났지만 그들 부부는 흔쾌히 100평을 샀다. 그로부터 얼마 후 그 지역을 개발하겠다는 국회의원 후보들의 선거 공약이 나왔다. 그 직후부터 그 땅은 천정부지로 뛰기 시작하였다. 그렇게 그들 부부는 수십억대 부자가 될 수 있었다.

참담한 현실에 불평불만하지 않고 열심히 노력한 부부에게 기회가 찾아왔으며, 그들은 그 기회를 놓치지 않았던 것이다.

끈질기게 매달려라

한두 번의 실패에도 불구하고 끈질기게 매달릴 때 부는 찾아온다. 영국의 고고학자 하워드 카터의 이야기를 통해 부는 끈질기게 매달릴 때 온다는 진리를 확인해보자.

당시 고고학계에서는, 투탕카멘의 무덤에 관련된 것은 이미 다 드러나서 이집트의 왕가의 계곡에는 더 이상 별다른 게 존재하지 않을 것이라고 생각했다. 그러나 하워드 카터는 왕가의 계곡 어딘가에는 무언가 반드시 더 존재할 것이라는 믿음을 버리지 않았다. 진짜 투탕카멘의 무덤만 파헤치면 부자가 되는 것은 시간 문제였다.

하워드 카터는 발굴 작업에 들어가고 싶었지만 그만한 여력이 없었다. 그는 영국 귀족이자 부호인 카나본 경을 만나 협조를 구했다. 마침 고고학에 관심을 가지고 있던 카나본 경은 그를 후원해주기로 약속했다.

카나본 경의 후원에 힘입어 발굴에 착수했으나 미국인이 발굴 허가권을 가지고 있었기에 무덤을 발굴하는 첫 단계부터 녹록치 않았다.

발굴권을 허락해주지 않을 것이라고 예상한 카터는 그럼에도 미국인을 만나 사정했다. 그 무덤에서 더 이상 나올 것이 없다고 판단한 미국인은 의외로 그에게 발굴을 허락해주었다.

그렇게 발굴 작업을 시작했지만 1년이 지나고 2년이 지나도 아무것도 나오지 않았다. 다행히 카나본 경은 포기하지 않는 카터의 의지와 열정을 보고 지원을 계속해주었다.

그렇게 3년이 지났는데도 왕의 무덤은커녕 유물도 나오지 않았다. 그러나 카터는 결코 포기하지 않았다. 오히려 평생이 걸려도 발굴해내겠다는 의지를 더욱 불태웠다. 하지만 그토록 카터를 믿고 지원해주던 카나본 경도 3년이 지나자 실망하여 카터에게 포기할 것을 권유하였다.

카터는 인정할 수 없었다. 그는 카나본 경에게 사정하였다.

"딱 1년만 시간을 주시면 반드시 발굴해내겠습니다. 자신 있습니다."

카나본 경은 카터의 의지와 열성에 감동하여 또 한 번 허락하였다. 그러나 있을 곳으로 추측되는 곳은 모조리 파헤쳤기 때문에 이제 어디를 파야 할지 카터조차도 감이 오지 않았다. 그러나 그에게는 유물이 분명히 존재할 것이라는 확신이 여전히 있었다. 그때 카터의 뇌리에 전광석화의 생각이 스쳤다.

'그래! 인부들이 묵고 있는 오두막이야. 왜 내가 그걸 생각하지 못했지?'

카터는 마지막으로 인부들의 처소 밑을 파헤치기로 했다. 이곳은 예정되어 있지 않은 곳이었기에 주위 사람들 모두가 놀랐다.

"이제 포기해야 되는데, 참 무모한 사람이군."

주위에서 수군거렸다. 그러나 카터는 이런 비아냥에도 굴하지 않고 인부들에게 오두막 밑을 파라고 지시했다.

몇 날을 보냈을까. 이윽고 인부들이 지하로 통하는 계단을 발견하였다. 계속 파들어가자 드디어 그의 눈앞에 폐쇄된 출입문이 나타났다. 바로 투탕카멘의 무덤으로 통하는 꿈의 문이었다. 그 무덤에는 황금 마스크와 막대한 재물이 들어 있어서 카터는 일약 세계에서 손꼽히는 부자가 되었다.

부는 포기하지 않고 끈질기게 기다리는 자에게 찾아온다. 그렇다고 기다리기만 해서는 안 된다. 최선을 다해 노력하면서 기다려야 한다.

"끈질기게 물고 늘어져라. 허둥대지 말고 하나하나 완성해 나아가라. 절대 포기하지 않는 불굴의 의지만 있으면 어떠한 난관도 돌파할 수 있다."

영국의 전 수상 윈스턴 처칠의 말이다.

좌절을 딛고 일어서라

부자가 되기 위해 사업을 하면서 단 한 번의 실패도 맛보지 않는 사람은 없다. 있다면 그건 아무것도 시도하지 않은 사람일 것이다. 우리는 크고 작은 실패를 경험하면서 살아간다. 하지만 문제는 실패 그 자체가 아니라 어떻게 하면 그 실패의 고통을 견디고 또다시 도전할 수 있느냐 하는 점이다.

세상에는 작은 실패에도 좌절하여 무력하게 무너지는 경우가 많다. 하지만 누구보다도 뼈아픈 실패를 경험했으면서도 아무 일 없었다는 듯 다시 성공의 초석을 다지는 사람도 있다. 우리는 실패를 통해 중요한 교훈을 발견할 수 있고, 또 그것을 성공의 과정으로 삼을 수도 있다.

모든 분야에서 위대한 업적을 남기고 부자가 된 사람들은 성공이나 실패라는 영역에 집착하지 않는다. 다만, 자신이 믿는 것은 실패의 경험을 통해 반드시 다음에 더 나아질 것이라는 사실이다.

여기, 커다란 실패를 겪은 후에 더 화려하게 재기에 성공한 기업인이 있다. 바로 애플 신화의 주인공 스티브 잡스다. 그는 어이없게도 지난 1985년 자신이 창업한 애플에서 쫓겨나는 신세로 전락했다. 자신이 만든 회사에서 쫓겨나는 심정은 어떠할까?

처음엔 그도 자신이 창업한 회사를 엉뚱한 사람에게 넘긴 사실에 피토하는 울분을 참을 수 없었다. 견디다 못한 그는 결국 프랑스와 이탈리아로 여행을 떠났다. 자전거를 한 대 구입해서 천막과 배낭을 챙겨 피렌체 산맥을 넘었다. 이렇다 할 삶의 목표도 없었기 때문에 아무도 만나지 않고 세월을 보냈다. 그는 거의 제정신이 아닌 상태로 실패의 충격에서 벗어나고자 했지만 그 실패는 빠져나올 수 없는 늪 같았다.

가난한 미혼모의 아들로 태어나 온갖 고생을 다하며 만든 회사였기에 고통은 더욱더 심했다. 사실, 그는 친구네 집 거실에서 잠을 자고 빈 콜라병을 모아 끼니를 해결하며 살았던, 대학 중퇴의 학력이 전부인 지극히 평범한 청년이었다.

하지만 그는 자신이 창업한 애플에서 쫓겨난 뒤 정확히 11년 만에 화려하게 복귀했고 놀라운 애플 신화를 일궈냈다.

그는 회사에서 쫓겨난 뒤 온갖 방황 끝에 문득 생각했다.

'애플에서 해고당한 사건은 돌아보면 내 인생에서 일어났던 최고의 사건일지 모른다. 정말 독하고 쓰디쓴 약이었지만 이게 필요한 환자도 있다.'

그런 생각에 이르자 마음속에서 실패를 딛고 다시 도전할 질문이 그의 머릿속에 떠올랐다.

'그래도 아직 내겐 사랑하는 일이 있다. 그렇다면 아직 실패한 것은

아니지 않은가?'

제아무리 큰 실패를 겪었을지라도 자신에 대한 믿음을 잃지 않는다면 가능성은 있다. 그는 인생에서 자신이 해야 할 사랑하는 일이 있었기에 반드시 시련을 이겨내고 다시 일어설 것을 다짐했다. 그것은 자신에 대한 변함없는 믿음이었다.

그 후 다양한 시도를 거쳐 사업을 진행했고, 디즈니의 컴퓨터그래픽 애니메이션 회사인 픽스를 사들였다. 그리고 픽스를 토대로 〈토이 스토리〉를 만들었고, 할리우드에서 대성공을 거둔 후 다시 애플로 돌아왔다.

공교롭게도 그가 다시 애플로 돌아왔을 때 애플은 망하기 일보 직전이었다. 그는 자신을 쫓아낸 회사에서 아이팟 신화를 일구어 다시 한 번 애플을 세계 최고의 기업으로 발전시켰다. 그의 화려한 재기는 이제 하나의 전설이 되었다.

결국 지금의 애플 성공은 스티브 잡스가 쫓겨났기 때문에 가능했던 것인지도 모른다. 혁신적인 애플 제품들은 그가 애플에서 쫓겨났을 때 다양한 사업을 하며 경험했던 것을 최대한 살린 결과물이라 할 수 있다. 물론 그가 처음 애플에서 쫓겨났을 당시에는 자신의 미래를 예상할 수는 없었을 것이다. 그러나 절치부심의 노력 속에서 다시 애플로 돌아온 그의 지난 시간을 되돌아보면 과거 그가 했던 경험들이 현재로 이어졌음을 알 수 있다.

아무리 큰 실패를 경험했을지라도 자신의 가능성을 믿고 시련을 극복해나간다면 해고당한 날이나 파산한 날이 머지않은 미래에는 최고의 날로 기억될 수도 있다.

당신이 겪는 고통이 크다고 해서 지레 무너지지 말라. 스티브 잡스가 그랬던 것처럼 절대로 포기하지 말고 화려한 재기를 꿈꿔라. 절대로 포기하지 않겠다는 각오만 있다면 성공은 절대로 눈앞에서 사라지지 않는다. 좌절을 딛고 일어서는 강력한 의지가 있는 한 인생에서의 성공은 반드시 다가올 수밖에 없다.

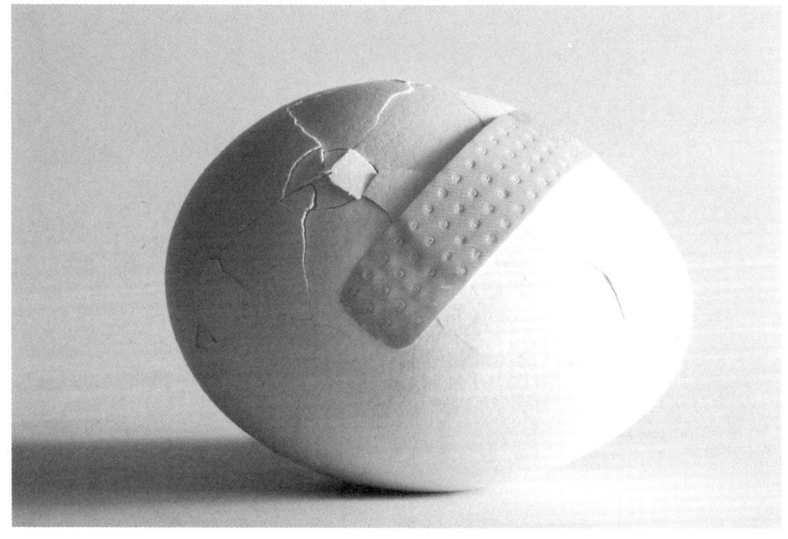

Chapter 4

부자가 되기 위한 기본자세를 갖춰라

이득을 따지기 전에
먼저 신용을 생각하라

부자가 되려면 '신자'가 되어야 한다. 여기서 신자란 종교를 믿는 '신자(信者)'가 아닌, 타인에게 '신용(信用)을 얻는 자'를 뜻한다.

왜 부자가 되는 데 신용이 필요할까? 비즈니스는 신뢰관계를 통해 성립되기 때문이다. 그러다 보니 기업에서 인재를 뽑을 때에도 '맡길 수 있는 사람', '믿을 수 있는 사람'을 우선시한다.

비즈니스에서 신용을 지키다 보면 어떤 경우에는 손해를 볼 수도 있다. 그러나 이득을 따지기 전에 신용을 먼저 생각하면 결과적으로 그 사람이나 그 기업은 성장한다.

다음은 일본의 유명한 상인 후지다 덴이 그의 저서 『누구나 부자가 될 수 있다』에 언급한 내용이다.

후지다는 시카고에 있는 어느 유태계 회사로부터 나이프와 포크 3

백만 개를 주문받았다. 납기일에 맞추기 위해서는 3월 1일 완성품을 싣고 요코하마 항구를 출발해야 했다. 그러자면 2월 말까지는 제품을 완성해야만 했다. 그런데 예기치 못한 사고가 터졌다. 제품 제조업체에서 2월 말까지 제품을 완성할 수 없게 된 것이다. 어느 조직보다도 깐깐하고 약속을 중시하는 유태계 회사와의 거래에서 제날짜에 납품을 하지 못한다는 것은 그다음부터의 거래는 기대도 못 한다는 것이나 다름없었다. 제조업자가 제날짜에 납품을 하지 못했기 때문이라는 변명은 비즈니스에서는 통하지 않는다. 비즈니스에서는 계약에 의거한 약속이 생명이기 때문이다.

후지다는 납기일에 맞추기 위해 여러 방안을 궁리했다. 아무리 생각해도 최선책은 항공 운송이었다. 문제는 300만 개의 제품을 운송하자면 소형 항공기가 아닌, 보잉 707 같은 대형 항공기가 필요하다는 점이었다.

도쿄와 시카고 구간을 운행하는 보잉 707 화굴운송기 비용은 매우 비쌌다. 고작 나이프와 포크를 운반하는 데 비싼 운송비용을 쓴다는 것은 엄청난 부담이었다. 그러나 후지다는 손해를 보더라도 보잉 707 화물운송기를 이용하기로 결정하였다. 그에게 손해보다 더 중요한 것은 비즈니스 신용이었기 때문이다. 결과적으로 후지다는 막대한 손해를 보았지만 더 큰 신용을 얻을 수 있었고, 덕분에 주문 물량은 두 배나 늘어났다.

큰 적자를 냈기 때문에 언뜻 보면 불운이라고 생각할 수 있으나 다른 관점에서 보면 커다란 행운을 얻은 셈이었다. 왜냐하면 약속을 지킴으로써 돈으로도 살 수 없는 신용을 확실히 얻었기 때문이다. 이를 계기로 후지다의 회사는 날로 번창하였다.

사실, 손해를 보면서까지 약속을 지킨다는 것은 쉬운 일이 아니다. 이익 창출이 목적인 기업에게 이런 행태는 의미가 없다고 생각하는 사람도 있을 것이다. 하지만 비즈니스 세계에서 성공하자면 이는 불가피한 선택이다. 2보 전진을 위한 1보 후퇴의 비즈니스전략인 것이다.

위의 사례에서 알 수 있듯이 난관을 극복하고 신용을 얻으면 그 이후부터는 탄탄대로다. 당장 손해 보는 것이 두려워 자신의 이득만을 따진다면 순식간에 신용을 잃을 것이다. 그러면 잠깐 지킨 이득보다 더 큰 손실이 훗날 다가올 것이다. 그야말로 커다란 수렁에 빠질 수 있는 것이다. 요컨대 눈앞의 이득보다 더 큰 실리는 신용이다.

수완보다 중요한 것은 신용이다

흔히 사업으로 부자가 된 이들에겐 특별한 수완이 있다고 생각한다. 그만큼 사람들은 사업에서 가장 중요한 것이 수완이라고 여기는 것이다. 그러나 정작 부자가 된 사업가들은 그렇게 생각하지 않는다. 그들이 수완보다 더 중요시하는 것은 신용이다.

정씨는 옷 장사를 하여 큰돈을 벌었다. 그는 '남을 즐겁게 해주는 마음'을 사업 신조로 삼고 장사를 했다. 정씨가 대학가 부근에서 장사할 때의 일이다.

어떤 여학생이 정씨 가게에서 옷을 사 갔다. 그런데 다음 날, 그 여학생은 옷을 다른 것으로 교체해달라고 했다. 정씨는 아무 생각 없이 바꾸어주었다.

다음 날 또다시 찾아온 여학생은 아예 환불을 해달라고 했다. 정씨도 감정이 있는 사람인지라 화가 치밀어오를 것이었으나, 기분 나쁜

내색 없이 웃으면서 환불을 해주었다.

사실, 여학생을 상대로 장사를 할 때 이런 일은 부지기수다. 문제는 그때 주인으로서 어떻게 반응하느냐이다.

그가 손님들에게 그토록 대범하게 대할 수 있었던 것은 그의 장사 철학 때문이다. 그는 장사를 시작하면서 오직 손님과의 신용만을 생각했다. 그는 '나의 밑천은 신용이다'라는 말을 되새기면서 구경만 하고 돌아가는 손님에게도 친절하게, 즐거운 마음으로 대하며 신용을 구축했다. 그랬기 때문에 그의 가게에는 단골손님이 끊이질 않았다.

다른 사람에게 신용을 얻기 위해서는 과연 어떻게 해야 할까? 무엇보다 상대의 입장에서 생각하고 다가가려는 노력이 있어야 한다. 특히 장사를 할 때에는 손님보다 먼저 움직이며 상대의 마음을 헤아려야 한다.

성공한 사람들은 어떤 기막힌 수완이나 거창한 논리, 혹은 비책으로 그 자리에 오른 것이 아니다. 그들은 평범한 원칙, 기본 중의 기본을 지킴으로써 성공하였고 부를 일구었다. 그 중심에 신용이 있다. 끊임없이 노력하여 기회를 만들려고 할지라도 그전에 신용이 확보되지 않으면 그 노력이라는 미덕조차도 헛것이 된다. 그만큼 신용은 성공으로 가는 데 없어서는 안 될 인생의 레드버튼이다.

성공하여 부자가 되기를 원하는가? 그렇다면 신용을 얻어라. 신용이 내일의 부를 창출해줄 것이다.

진정한 자산, 신뢰를 지켜야 한다

어느 희곡 작가는 "사업의 방법은 간단하다. 그것은 남의 돈을 빌려서 하는 것이다"라고 말했다. 맞는 말이다. 사업은 다른 사람의 돈을 활용하는 것이다. 이는 거부가 되는 길이기도 하다. 수많은 이가 그렇게 해서 부자가 되었다.

물론 부자 중에 절대로 남의 돈을 빌리지 않는 사람들도 있다. 그러나 대부분의 기업가들은 그 돈이 은행의 돈이든 개인의 돈이든 빌려서 한다. 부자들은 새로운 기회를 잡기 위해 스스로 기꺼이 빚더미 속으로 들어간다. 부자들은 좋은 기회가 있다면 빚을 내서라도 달려들고 그에 따른 위험을 감수한다.

그런데 남의 돈을 활용하는 데에는 전제조건이 있다. 바로 최고의 신용과 정직성이다. 부정직한 사람은 신용을 얻으려야 얻을 수가 없다.

호텔 왕 힐튼은 순전히 남의 돈을 활용하여 거부가 된 사람이다. 호텔을 지으려고 할 당시 그에게는 담보할 건물이나 부동산이 없었다. 오로지 힐튼 이름 하나만 가지고 많은 돈을 빌릴 수 있었다.

비즈니스 전략가이기도 한 벤저민 프랭클린은 사업을 시작하는 젊은이들에게 충고했다.

"돈에는 무엇인가를 발생시키는 다산(多産)의 성질이 있다. 돈은 돈을 낳을 수 있고, 소산(所産)은 더 많은 소산을 낳을 수 있다."

그는 신용에 대해서 이렇게 말했다.

"당신이 1년에 3,600파운드를 번다고 했을 때, 그것을 365일로 나누면 얼마 되지 않는다. 그러나 신용이 있다면 그 작은 돈을 담보로 큰 돈을 빌릴 수 있다."

사출용기 공장을 20여 년간 운영해온 박씨는 오로지 한눈팔지 않고 사업에 매진하였다. 사업을 하면서 그가 가장 무섭게, 그리고 중요하게 생각한 것은 은행대출이었다. 그랬기에 그는 끼니를 굶어서라도 은행대출은 반드시 제날짜에 갚았다.

그렇게 성실히 살던 그에게도 시련이 닥쳤다. 거래하던 대기업이 부도나는 바람에 그의 공장 역시 문을 닫게 된 것이다. 어떻게든 공장을 살려보려고 노력했지만 소용없었다. 그의 사업이 망한 직접적인 원인은 결제 관행인 어음이었다.

박씨는 모든 것을 정리하고 남은 돈으로 겨우 화물차 한 대를 살 수 있었다. 이게 그의 전 재산이 되었다. 그는 궁리 끝에 대형마트를 운영하는 친척을 찾아갔다. 친척은 그에게 시골에서 배추를 실어오면 팔아주겠다는 제안을 했다. 그는 그때부터 고향을 찾아가 고향 사람들이 키운 신선한 배추를 실어 마트에 공급했다.

그는 2년이 넘도록 부지런히 배추를 공급하였다. 그는 가급적 질이 좋은 배추만 골라 팔았다. 그렇게 3년 만에 18평짜리 전세 아파트를 얻어 지하 단칸방 신세를 면했다. 그는 배추 공급으로 번 돈의 대부분을 저축했다. 마트도 점차 발전하면서 그의 배추 공급량도 늘어났다.

그렇게 인고의 세월을 보내던 그는 고향에 매물로 나온 대지를 구입하였다. 도시개발로 그 땅값이 무려 10배나 뛰었기 때문이다. 주위에서 팔 것을 권고하였으나 그는 그 땅에 빌딩을 짓기로 결심하였기에 한사코 제안을 물리쳤다. 그러나 그에게는 자금이 턱없이 부족했다. 그는 할 수 없이 사출용기 공장을 할 때 거래하던 은행을 찾아갔다. 그리고 지점장은 담보 없이 흔쾌히 대출해주었다. 오로지 그를 신용하였기 때문이다.

그는 마침내 빌딩을 짓게 되었다. 오늘날 그 지역은 전철이 들어서면서 새로운 상권이 형성되었다. 당연히 지금 그 빌딩은 수십억 원을 호가하고 있다. 이것은 박씨가 사출용기 사업을 하면서 신용을 쌓은 덕분이었다.

신용 남발을 하지 말라

오늘날 기업들이 부도를 내는 이유는 거의가 은행에서 빌린 돈을 제 날짜에 갚지 못했기 때문이다. 개인 역시 마찬가지다.

대출은 은행의 주요 사업이다. 은행은 사람들에게 대출을 많이 해줄 수록 더 많은 수익이 생긴다. 물론 은행은 대출한 사람이 성공하기를 바란다. 그리고 사업하는 사람을 돕고자 한다. 따라서 사업에 문제가 생겼을 때는 은행과 상의하는 것도 나쁘지 않다.

돈이 없을지라도 신용이 좋으면 남의 돈을 밑천 삼아 사업을 벌여 큰돈을 벌 수 있다는 것이 자본주의의 좋은 점이다. 그러나 빌린다는 행위가 아무리 좋아도 정직하지 못하거나 부정적인 사람에게는 해로 울 수밖에 없다.

신용도 마찬가지다. 그리고 신용은 늘 정직하던 사람을 한순간에 부 정직한 이로 만들 수도 있다. 신용 남발은 근심과 좌절과 불행의 주요

원인이 된다.

신용 남발로 고통을 당하는 사람들은 우리 주위에서 어렵지 않게 볼 수 있다. 부도로 회사 문을 닫고, 그렇게 수많은 직원이 순식간에 실직자가 되어 거리에 내몰린다. 경매로 온 가족이 허허벌판에 나앉아 좌절과 실의의 나날을 보내는 가정도 수없이 많다. 이런 사태는 거의 대부분 신용 남발에서 비롯되었다고 할 수 있다.

선대로부터 많은 재산을 물려받은 부모 덕분에 김씨는 어릴 때부터 고생을 모르고 살았다. 그래서 주위 친구들로부터 부러움을 사기도 했다. 그의 부모는 그가 원하는 것이면 무엇이든지 다 해주었다. 그의 곁에는 최고급 물품만 즐비했다.

그랬던 그의 집안이 몰락하기 시작한 것은 김씨가 사업을 하면서부터다. 부모 덕분에 근검절약을 모르고 살던 그는 마구잡이로 투자하며 사업을 확장하였다. 부모에게 물려받은 재산은 하루가 멀다 소진되었고, 급기야 은행 담보를 대가로 신용을 남발하였다. 하지만 무분별한 사업 확장은 그에게 좋은 결과를 주지 못했다. 설상가상으로 경기가 하락하면서 그의 회사는 마침내 부도로 문을 닫게 되었다. 지금 그는 신용불량자가 되어 하루하루를 고통 속에서 살고 있다.

잘못된 신용 남발은 이처럼 무서운 결과를 초래한다. 신용이라는 특권을 남발하는 것은 결국 신체적, 정신적, 도덕적으로 삶을 망가뜨린다.

신뢰를 확보해야 한다

성공하여 부자가 되기 위해서는 타인의 협조가 필요하다. 상대에게 협조를 구할 때는 무엇보다 상대를 설득할 수 있는 커뮤니케이션 능력이 요구된다.

커뮤니케이션은 이성적인 것과 감성적인 것이 결합되어야 효과적이다. 그런 의미에서 커뮤니케이션의 최고봉은 이심전심, 염화시중(拈華示衆)의 미소다. 말하지 않아도 상대의 의중을 알고 그대로 행동할 수 있으니, 이보다 더 이상적인 커뮤니케이션이 어디 있겠는가? 이것이 가능하려면 오랫동안 같이 일을 해왔고 그래서 상호 신뢰가 구축되어 있어야 한다.

요컨대 커뮤니케이션의 전제조건은 신뢰다. 신뢰 수준이 높을 때 커뮤니케이션은 즉각적인 힘을 발휘한다.

'은행 계좌'처럼 인간관계에서도 '감정 은행 계좌'가 만들어진다. 약속을 잘 지키고, 친절하게 상대를 대하며 선의를 베풀고, 전문적 능력을 보여주는 등 평소 열심히 신뢰를 입금하면 감정의 계좌에 신뢰 잔고가 충분히 쌓여 간혹 말실수를 하더라도 별다른 문제가 생기지 않는다. 반대로 인출만 계속하다가 깡통계좌가 되면 감정 상태가 나빠져 별것 아닌 일에도 관계에 문제가 발생한다.

아무리 상대방이 옳아도 감정이 나빠져 있는 상태에서는 좋은 말도 좋게 들리지 않는 게 인지상정이다. 따라서 평소에 신뢰를 쌓고 감정적으로 원활한 상태를 만들어야 한다. 통로는 필요하다고 해서 금방 만들어지는 것이 아니다. 많은 시간을 들여 노력해야 하는 것이다.

휠라와 윤윤수 회장과의 인연은 25년 전으로 거슬러 올라간다. 처음 윤 회장은 이탈리아 본사의 라이선스를 획득하여 미국 휠라에 신발을 공급하는 에이전시로 사업을 시작했다. 그 일을 하면서 윤 회장은 그들이 원하는 가격, 품질, 납품 기한 등 모든 것을 갖추기 위해 열과 성의를 다했다.

그 결과, 윤 회장은 얼마 후 휠라코리아 회장이 되었다. 그는 휠라코리아를 전 세계 휠라 회사에서 가장 성공적인 조직으로 만들었다. 그가 이토록 성공을 거둘 수 있었던 것은 작은 일에서부터 큰일에 이르기까지 열과 성의를 다해 본사로부터 신뢰를 얻었기 때문이다.

부자가 되려면 배우자를 의지하라

살면서 부자가 되는 방법을 생각해보지 않은 이는 아마 단 한 명도 없을 것이다. 자본주의 세상에 사는 이상, 누구나 부자를 꿈꾼다.

부자가 되는 가장 손쉬운 방법은 상속이다. 부모가 몇백억 자산가라면 그 재산 중 몇 분의 일만 받아도 평생 돈 걱정 안 하고 떵떵거리며 살 수 있다. 그러나 이는 보통 사람들에게 해당되는 게 아님을 누구나 알 것이다.

그다음으로 부자 되는 방법은 1등 복권 당첨이다. 하지만 1등 대박이 터질 확률은 수백만 분의 일도 안 된다.

위의 두 가능성은 한마디로 하늘이 내려주는 운으로, 인간이 스스로 어찌할 수 없는 방법이다.

그렇다면 부자 되는 방법들 중 현실적인 것은 뭐가 있을까? 그중 하나가 바로 결혼이다. 부자들은 부자가 되려면 배우자를 잘 만나야 한다고 말한다. 그것이 돈을 모으는 출발점이라는 것이다.

그들이 자주 하는 말이다.

"아내가 아니었으면 이렇게 재산을 모으지 못했을 것이다"

그렇게 말하는 부자는 모두 자수성가한 이들로, 아내의 공이 절대적이었음을 짐작할 수 있다.

중소기업에 다니는 정씨는 은행원과 결혼하였다. 회계과에 근무하다 보니 정씨는 은행에 자주 가야 했고, 또 그러다 보니 은행원과 천생연분이 된 것이다.

신혼여행을 갔다 오자마자 정씨는 아내에게 신용카드를 빼앗겼다. 식탁에 오르는 반찬도 김치, 된장찌개 등 몇 가지로 단출했다. 그러다 보니 처음에는 부부싸움도 자주 했다. 정씨는 은행원 출신들이 짠돌이라는 말은 들었지만 이 정도일 줄 몰랐던 것이다.

어느 날, 퇴근 후 친구들과의 술자리로 거나하게 취해 들어온 정씨에게 아내는 울면서 말하였다.

"당신, 언제까지 회사생활을 할 것 같아요? 기분 나쁘게 듣지 말고 지금 현실을 따져봐요. 솔직히 중소기업, 열악하잖아요. 넋 놓고 있다가 구조조정으로 내몰린다는 생각은 안 해봤어요? 당신, 우리 미래 한 번이라도 생각해봤어요? 난 불안하다고요, 매일매일!"

그때부터 정씨의 생활이 바뀌었다. 차비와 소액만 가지고 다니면서 식사는 구내식당만 이용하였다. 친구와 술 마시는 것도 가급적 피했고, 부담이 되지 않는 선에서의 회식자리만 참석하는, 그야말로 짠돌이생활을 했다.

정씨는 봉급이며 야근수당이며 보너스며 한 푼도 빼돌리지 않고 모조리 아내에게 갖다 주었다. 그의 아내는 그 돈을 재테크 종잣돈으로 굴리기 시작하였다. 그리하여 그들은 5년 만에 아파트를 구입하여 내집 마련의 꿈을 이루었다. 재테크 수완이 좋은 아내 덕분에 지금은 빌딩을 사서 임대를 주고 편안한 생활을 하는, 그야말로 부자가 되었다.

　이런 부는 부부가 함께 노력한 결과이지만, 무엇보다도 알뜰한 아내의 공이 크다. 좋은 배우자를 만나는 것이 부자가 되는 첫걸음이라는 사실을 이들 부부가 입증한 것이다.

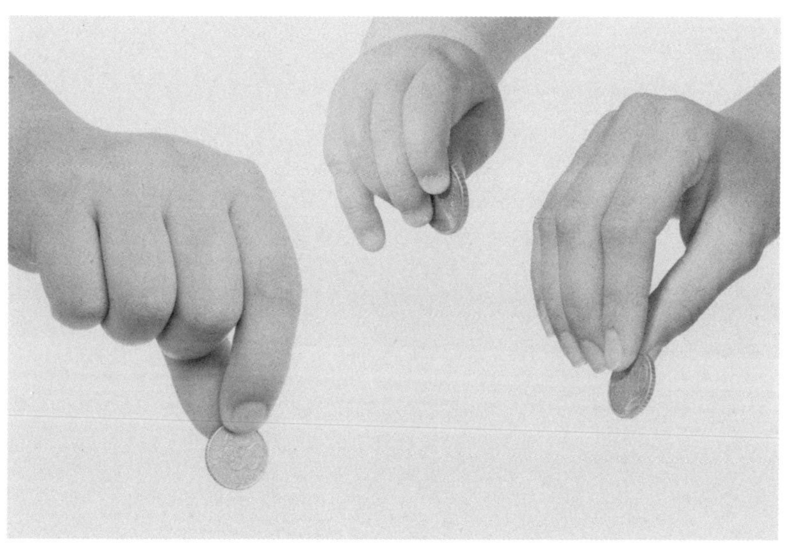

Chapter 5

부자로 가는 길, '생각'에서 시작하라

돈에 대한 사고방식을 바꾸어라

돈이란 자신이 원하는 일을 할 수 있는 시간적, 공간적 자유를 제공해준다는 점에서 인생의 행복과 직접적으로 연관되어 있다. 수많은 직장인이 정기적으로 받는 월급 때문에 자신이 하고 싶지 않은 일을 하고, 같이 일하고 싶지 않은 사람들과 일을 하고 있는가를 생각해보라.

돈은 그 자체로는 목적이 될 수 없으나, 목적을 이루도록 도와주는 가장 효과적인 수단이다. 실제로 원하는 만큼의 충분한 돈을 가지고 있다는 것은, 세상에 존재하는 최고의 서비스와 물질을 자신이 원하는 만큼 누릴 수 있다는 의미이기도 하다.

분명, 돈으로 만들어진 여유는 인생을 행복하게 살아갈 기회를 준다. 하지만 똑같은 1억 원을 가지고도 행복하게 사는 사람이 있고, 반대로 그렇지 못한 사람들도 있다. 건전한 부자들은 '내가 왜 돈을 벌어야만 하는가?', '돈을 벌어서 어떻게 쓸 것인가?' 하는 부분이 명확하다.

돈은 어떻게 버느냐보다 어떻게 쓰느냐가 중요하다. 하지만 어떻게 쓰느냐 하는 부분은 우리가 부자가 된 후에 생각할 부분이므로, 먼저 어떻게 벌어 부자가 되느냐에 초점을 맞추기로 하자.

부자들은 돈 버는 습관이나 씀씀이에서 보통 사람들과 확연히 다르다. 그 중심에는 보통 사람들과는 다른 돈에 관한 철학이 자리 잡혀 있다. 다시 말해 돈에 대한 그들의 생각은 보통 사람들과 다르다.

진정 부자가 되기 위해서는 돈을 버는 방법을 배우기 이전에, 먼저 돈에 대해 올바르게 생각해야 한다. 돈 버는 사람들은 돈에 우선권을 부여한다. 그리고 돈을 중요시한다. 그들이 꿈꾸는 삶은 '자유'다. 그들은 자본주의 사회에서 얻을 수 있는 자유의 많은 부분이 돈에 의해 가능하다는 믿음을 갖고 있다. 그들은 돈에 대해 부정적인 말을 하지 않으며, 돈에 대해 이중적 잣대도 갖고 있지 않다. 돈이 주는 긍정적 측면을 중심으로 세상을 바라보며 솔직하다.

자본주의 사회에 살면서 돈이 주는 압박감과 행복감을 동시에 느끼지 않는 사람은 없을 것이다. 돈의 노예가 되어 부자가 되기만을 꿈꾸는 태도도 바람직하지 않지만, 돈이 주는 편리함을 무시할 수도 없는 것이 우리의 현실이다. 그러므로 성공적인 자산관리를 위해서는 돈에 대해 지나치게 부정적인 태도를 갖지 않으며, 잘못된 욕심을 버리고, 합리적인 수입을 위한 자신의 능력과 마인드를 길러야 한다.

🔑 돈을 벌 때도 가치관이 중요하다

돈에 우선권을 부여하다 보니 일부의 사람에게는 돈이 목숨처럼 되어버렸고, 돈을 잘 버는 사람이 가장 존경받는 사회가 되어버렸다. 그렇기에 누구나 돈 벌어서 부자가 되어 존경받고 싶어 한다. 심지어 자나 깨나 돈, 돈 하며 돈을 숭배하기까지 한다.

인간은 자신이 숭배하고 있는 것에 다가가려 한다. 그리고 그것에 쉽게 물든다. 그러다 보면 수단과 방법을 가리지 않고 돈을 벌려는, 그러니까 주객이 전도된 우를 범한다.

철강왕 카네기가 어렸을 때 너무 빈곤하여 그의 삼촌이 그를 부둣가에 장사를 시키려고 했다. 대로한 그의 어머니는 장사를 시킬 바에는 차라리 하천에서 고기를 잡게 하겠다며 삼촌을 쫓아버렸다고 한다.

카네기 어머니는 수단과 방법을 가리지 않고 돈을 벌어야 되는 것이 아니고, 올바른 가치관을 가지고 있어야 하며, 그 가치관에 벗어나지 않는 범위 내에서 돈을 벌어야 한다는 것을 가르쳤다. 또한 돈보다 인간의 자존심이 더욱 중요하다는 것을 가르쳤다.

인간은 돈이나 물질을 위해 존재하지 않는다. 만약 물질을 위해 존재한다면 그는 옷걸이에 지나지 않는다.

돈이 좋은 것이 되느냐 나쁜 것이 되느냐는 돈을 소유한 사람에 달렸다. 유태인들은 생활에서 균형을 매우 중요시하였다. 특히 돈에 대한 균형 감각을 무척 중요하게 생각했다. 유태인들은 끊임없이 돈의 노예가 아닌 주인이 되어야 한다는 점을 강조했다. 이는 우리 역시 간과하지 말아야 할 사고방식이다.

돌고 도는 것이 돈의 속성이다

예나 지금이나 사람들의 영원한 화두는 '어떻게 하면 돈을 많이 벌어 부자가 되는가?'이다.

사람들은 대개 자신이 부자가 되지 못하는 현실에 대해 회의적인 태도를 취한다. "내가 그렇지 뭐!" 하는 비관적인 말을 하기도 하고, "돈이 뭔지……" 하며 한숨 짓기도 한다.

그러면 대체 '돈'이란 무엇인가? 돈은 전전긍긍하면서 힘들게 모아야 하는 물질이 아니다. 돈은 우주를 관통하는 에너지로, 강한 자극을 따라 흐르는 존재다. 부자가 되기를 원하는 당신이 명심해야 할 것은 사람이 움직이듯 돈도 움직인다는 사실이다. 이성을 향한 연정처럼, 돈에도 마음이 있다. 돈은 에너지이기 때문에 무언가 강한 자극이 올 때 돈은 그쪽으로 끌려가게 되어 있다.

🔑 돈이 좋아하는 사람

돈의 속성도 사람의 마음과 같다. 우리의 호감처럼 돈도 다음과 같은 성향의 사람을 따르게 마련이다.

- 당당하고 자신감 있는 사람
- 맡은 바 일을 깔끔하게 끝내는 책임감 있는 사람
- 유머가 많아 주위 사람을 즐겁게 하는 사람
- 풍부한 지혜로 신선한 충격을 주는 사람
- 감사의 마인드, 너그러움을 지닌 사람
- 인간애를 가지고 상대방을 배려할 줄 아는 사람

돈을 많이 벌고 싶은가? 그렇다면 돈이 당신에게 등을 돌리지 않도록 스스로를 변화시킬 필요가 있다.

지금까지 어떻게 살아왔는가는 문제가 아니다. 앞으로가 중요하다. 분명히 바뀔 수 있다는 확신을 가지고 부자가 되겠다는 꿈을 가지고 긍정적으로 삶을 살 필요가 있다. 하늘은 언제나 우리를 도울 준비를 하고 있다는 사실을 명심하자.

🔑 돈보다 명예를 중시한 정주영 회장

정주영 회장이 경부고속도로 당제터널(훗날 옥천터널)의 돌판 공사를 할 때의 일이다.

경부고속도로 공사에 참여한 17개 건설 회사들은 처음에는 이득을 남기는 것보다는 우리나라 최초의 고속도로 건설에 참여하는 것만으로도 만족했다. 그러나 기업이란 원래 이윤을 목적으로 하는 집단이기에 이득을 생각하지 않을 수 없었다.

정 회장은 이득을 남기기 위해서는 공사 기간을 단축하는 길밖에 없다고 생각하여 매일 새벽부터 일어나 현장을 독려하였다.

그런데 터널 공사 완료일까지 두 달밖에 남지 않았는데 공사 진척도가 지지부진했다. 정주영 회장은 이득을 포기하기로 했다. 그는 돈보다 기업의 명예가 더 중요하다고 생각하였다. 그는 '현대'라는 이름을 걸고 기한 내에 공사를 끝내기로 결정하였다.

그리하여 그는 단양 시멘트 공장에 보통 시멘트보다 20배나 빨리 굳는 시멘트를 만들도록 지시했다. 단양에서 당제터널까지 운반비용만도 엄청나서 적자를 면할 수 없었다. 터널 작업팀도 평소 2개조였던 것을 6개조로 늘려 인부 600명을 더 투입하였다.

마침내 정 회장은 건설 전문가들이 3개월 걸린다는 공사를 25일 만에 끝낼 수 있었다. 이것은 오로지 이득보다 회사의 명예를 더 중시한 정 회장의 1퍼센트 남다른 생각의 결과였다.

돈은 돌고 도는 것이다. 돈을 쫓아다닌다고 그것이 무조건 오지 않는다. 그러나 정 회장처럼 이득에 연연하지 않고 대범할 때 돈은 굴러오게 되어 있다.

돈에 대한 부자들의 생각을
내 것으로 만들라

하늘이 보낸 부자라 불릴 정도의 거부들은 우리와 다른 특별한 성격을 타고나는 것일까? 누구나 이런 의문을 가질 만하지만 결코 그렇지 않다. 다만, 부정적인 신념을 긍정적인 신념으로 바꾼 노력형에 속한다고 할 수 있다는 게 우리와 거부들의 가장 큰 차이점이라고 할 수 있다.

큰 부자들은 자신이 가진 부정적인 패턴을 제대로 파악한 사람들로, 그것들을 손아귀에서 풀어낸 사람들이다. 그리고 그 빈자리에 돈을 끌어올릴 수 있는 성공 신념들을 다시 심어 의지를 갖고 돈을 끌어들인 사람들이다.

부자들의 공통적인 생각은 다음과 같이 요약할 수 있다.

- 돈은 나의 삶을 성장시킨다.
- 잘 쓴 돈은 빛과 소금 같다.
- 다른 사람의 욕구 못지않게 나의 욕구도 중요하다.
- 성실하고 근면하게 살다 보면 반드시 좋은 기회가 온다.
- 나는 나 자신을 확실히 믿는다.
- 원하는 것을 얻을 때까지 인내심을 갖고 기다릴 것이다.
- 모든 것에는 때가 있고, 나는 그때를 기다린다.
- 나는 원하는 것에 도전할 수 있다.
- 다른 사람과 나누면 나눌수록 내 몫이 많아진다.

반면, 부자가 되지 못한 사람들의 공통적인 생각을 다음과 같이 요약할 수 있다.

- 내 욕구보다 다른 사람의 욕구가 더 중요하다.
- 차근차근 저축하는 것은 지루하다. 단번에 많은 것을 얻고 싶다.
- 숫자만 보면 귀찮다.
- 원하는 것에 얼마든지 돈을 써도 좋다.
- 일단 수중에 들어온 돈은 쥐고 봐야 한다.
- 투자는 위험하다.
- 나 자신은 물론 다른 사람들도 믿을 수가 없다.
- 깊이 생각하는 것은 재미없다.
- 변화가 두렵다.

어떤가? 부자가 되기 위해서 당신은 어떤 쪽의 공통적인 생각을 취할 것인가?

내 안의 생각을 깨워야 한다

'생각'은 '무(無)'에서 '유(有)'를 창조하여 부자로 만들어주는 강력하고도 유일한 힘이다. 모든 부의 근원은 생각에서 비롯되었다. 오늘날 사무실에서나 가정에서 사용하는 컴퓨터는 빌 게이츠라는 사람의 생각에서 비롯되었다. 그는 생각으로 시작하여 세계 최고의 부자가 되었다.

인간은 생각하는 존재다. 우리가 손으로 만들어낸 모든 것은, 어떤 것이든 처음에는 생각 속에서만 존재하고 있었다. 다시 말해서 해당 물건을, 그것이 책이든 컴퓨터이든 생각하지 않으면 그것을 만들어낼 수 없다. 따라서 부자가 되려면 먼저 부자가 되겠다는 생각부터 해야 한다.

부자가 되기 위해서는 원하는 것을 머릿속에 선명하게 그려야 한다. 먼저 머릿속으로 생각하지 않으면 그 생각을 현실에서 실현할 수 없다. 어떤 생각을 현실로 만들려면 먼저 그런 생각을 갖고 있어야 하는 것이다.

많은 사람이 부자가 되지 못하는 것은 자신이 하고 싶은 것, 갖고 싶은 것에 관해서 그저 막연하게만 생각하기 때문이다. 즉, 마음속 이미지를 흐릿하게 갖고 있기 때문이다.

부자가 되고 싶다는 막연한 소망을 갖고 있는 것만으로는 충분하지 않다. 그런 소망은 누구나 다 가지고 있다. 세계 유명관광소를 구경하고, 좋은 것을 보고, 더 풍요롭게 살고 싶다는 소망만으로는 부족하다.

예를 들어서 당신이 친구에게 메일을 보낸다고 하자. 이때 알파벳이나 한글 가나다라만 나열해놓고 친구에게 그것을 조합하여 파악하고 이해하라고는 하지 않을 것이다. 또 사전에서 아무 단어나 골라 이메일을 보내지 않을 것이다. 이메일을 보낼 때는 메일 쓰는 형식에 따라 친구가 분명히 이해할 수 있는 문자들을 만들어서 메시지를 보낼 것이다.

부자가 되겠다는 생각을 할 때에도 마찬가지다. 그 내용이 명확해야 한다. 당신은 당신이 원하는 것을 확실히 알아야 한다. 막연한 소망이나 욕구만을 가지고 있다면 당신의 창조 에너지는 제대로 작동하지 않을 것이다.

거듭 말하지만 당신이 원하는 것을 구체적으로 생각해보라. 그리고 원하는 것이 확실해지면 그것에 대한 모습과 형태를 마음속에 그림 그리듯 또렷이 그려보라.

배의 선장이 항상 목적지인 항구를 생각하듯이, 당신도 원하는 것을 항상 마음속에 간직하라. 눈과 마음이 그것을 향해 있어야 한다. 배의 조타수가 나침판에서 눈을 떼면 안 되듯이, 당신도 마음속 그림에서 눈을 떼면 안 된다. 그렇다고 이를 위해 집중 훈련을 하거나 산에 올라

가서 명상을 하는 등 모종의 노력을 기울일 필요는 없다.

🔑 원하는 것을 정확히 알라

미국의 역대 최고 부자로 손꼽히는 록펠러는 석유로 막대한 부를 창출하였다. 그는 원래 재산이라고는 한 푼도 없는 가난한 소년이었으나 부에 대한 강렬한 욕구를 가지고 있었고, 그것을 한 단계씩 업그레이드해 부자가 되었다.

록펠러가 어렸을 때의 일이다. 어느 날 농장에 드나드는 칠면조를 본 록펠러는 칠면조가 암컷인 줄 알아채고 그것을 헛간에서 키워 알을 낳게 했다. 알이 부화하자 가을에 그 새끼를 팔았고, 이듬해 봄에 칠면조 암컷을 몇 마리 더 사서 그 다음해에는 더 많은 돈을 벌었다. 그때 그의 나이 겨우 일곱 살에 불과했는데, 이미 돈 버는 방법을 깨달은 것이다.

무엇보다도 가장 중요한 것은 원하는 바를 정확히 알고, 그것이 마음속에서 떠나지 않도록 간절하게 원하는 것이다. 시간이 날 때마다 진정으로 원하는 바를 지속적으로 떠올리는 습관을 들이자.

당신이 진정으로 부자가 되기를 원한다면, 자극의 나침판 바늘을 고정시키는 것처럼 당신의 생각을 목적에 고정시킬 만큼 소망이 강해야 한다. 마음속에 있는 그림이 선명할수록, 그리고 최대한 상세하게 그릴수록 원하는 바에 대한 욕망이 강해진다. 그리고 욕망이 강할수록 그림에 집중하기도 쉬워진다.

물론 부자가 되기 위해서 선명한 그림을 그리는 것이 능사는 아니다. 만일 그것이 전부라면 당신은 몽상가에 불과하다. 몽상가는 원하는 바를 실현하는 힘을 갖고 있지 않다. 당신이 선명하게 그린 그림에 그것을 반드시 실현하겠다는 욕망이 있어야 한다. 그리고 욕망 뒤에는 흔들리지 않는 확고한 신념이 있어야 한다. 원하는 것이 이루어졌다는 신념, 그것이 내 앞에 와 있으므로 손만 뻗어 내밀면 잡을 수 있다는 신념이 있어야 한다.

요컨대 부자가 되기 위해서는 상상하고 있는 것이 실현된다는 믿음을 가지고, 그것을 이루겠다는 의지와 신념으로 즉시 행동해야 한다.

가난은 조금도 생각하지 말라

부자가 되고 싶은 소망이 있다면 절대로 가난에 대해 생각해서는 안 된다. 자신이 원하는 것과 정반대의 생각을 한다면 어떻게 원하는 것을 이룰 수 있겠는가?

질병을 생각하는 사람은 건강해질 수 없다. 불의를 도모하고 있는 사람은 정의를 생각할 수 없다. 가난이 머릿속에 있는 사람은 결코 부자가 될 수 없다. 부자는 먼저 생각에서부터 시작된다는 점을 다시 한 번 강조한다.

가난을 화제로 삼아 이야기도 하지 말라. 가난 때문에 고민도 하지 말라. 당신은 그것과 아무런 상관이 없는 사람이다. 지금 당신이 가난하다면 그저 그 해결책에 대해서만 신경을 써라.

당신이 현재 가난하다고 하여 주위 사람들로부터 도움을 받지 말라. 그런 도움은 오히려 가난을 지속시킬 뿐이다. 흔히 많은 사람이 말하는, 일반적인 가난 퇴치 방법으로는 가난을 해결할 수 없다. 그냥 가난에 대한 생각을 말끔히 잊어라. 무조건 부자가 되겠다는 생각만 하라. 그것이 가난을 물리치는 최고의 방법이다.

🔑 마음속에 부의 그림을 그려라

마음속에 가난에 대한 그림이 가득하면 부자가 되는 데에 필요한 그림이 들어설 공간이 없다. 부자가 될 때까지는 빈민가의 비참한 삶이나 가난의 고통에 대한 책, 신문기사에 눈도 돌리지 말라.

궁핍과 고통이라는 우울한 이미지를 마음속에 심어놓는 내용의 그 어떤 것도 접하지 않는 것이 좋다. 가난에 대한 이야기는 현실을 개선하는 데 아무런 도움이 못 된다. 거듭 말하지만 마음속에 부의 그림을 그려넣어라.

가난한 사람에 대하여 동정하는 것은 그들이 가난을 물리치는 데에 도움이 되지 않는다. 또한 사회의 빈곤층을 없애는 최선의 방법도 아니다. 부자가 되겠다는 확고한 신념을 가진 사람들이 늘어날 때 세상의 빈곤이 점차적으로 사라질 수 있다.

빈곤한 자들이 일어설 수 있도록 하는 것은 자선의 빵이 아니라 정신적으로 깨닫게 하는 충격이다. 자선의 빵 한 조각은 하루를 버티게 하고 고통스러운 현실을 잠시 잊게 할 뿐, 그것이 근본적 해결책은 되지 못한다.

같은 맥락이다. 자신의 현실을 깨닫고 부자가 되기 위한 희망을 갖는 것이 비참한 삶에서 벗어나는 길이다.

경쟁으로 성공하여 부자가 된 사람들은 자신이 정상에 올라갈 때 사용한 사다리를 치워버린다. 그러나 창조적인 마인드로 성공하여 부자가 된 사람들은 다른 사람들이 자신의 뒤를 따라 성공할 수 있도록 길을 열어준다. 또 정신적으로 깨닫도록 그들을 도와준다.

부자가 되려면 의지력을 사용하여 가난에 대한 모든 이미지를 마음속에서 떨쳐버려야 한다. 그리고 신념과 의지를 갖고 당신이 원하는 그림에 집중해야 한다. 부자는 생각에서부터 비롯된다는 점을 잊지 말라.

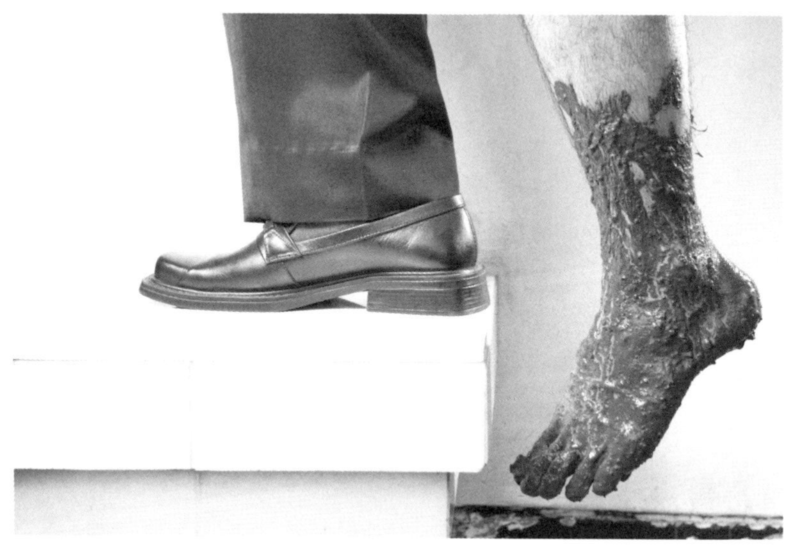

원하는 것을
강한 욕망으로 전환시켜라

〈포브스〉가 2012년 미국의 400대 부자를 조사한 바 있다. 여기에서 '포에버21'의 창업자인 한국인 김진숙 씨가 '토크의 여왕' 오프라 윈프리를 제치고 자수성가한 갑부 1위에 올라 세상을 깜짝 놀라게 했다.

김진숙 씨는 남편과 함께 부자가 되겠다는 꿈을 안고 1981년 미국행 비행기에 올라탔다. 당시 그녀는 영어도 할 줄 몰랐고, 특별한 기술도 없었다. 그녀는 식당에서 접시닦이, 사무실 바닥 청소 등 허드렛일을 하면서 이민생활을 시작했다. 그녀는 고생 끝에 1984년 로스앤젤레스 한인타운에 '패션 21'이라는 이름으로 옷가게를 열었다. 이후 빠르게 변하는 유행을 반영하는 패스트 패션 브랜드 '포에버 21'로 개명하였다. 그녀는 소비자들이 무엇을 원하는지를 철저히 조사하고는 곧바로 옷 디자인에 적용하여 시장에 내놓았다. 반응은 폭발적이었다. 첫해 매출로 35,000달러를 올렸다.

김진숙 씨는 여기에 만족하지 않고 젊어서 세운 비전을 이루기 위해 나라별 유행의 차이를 파악해 시장을 공략했다. 그렇게 그녀는 자신의 사업을 전 세계 500여 매장과 4만 명의 직원을 거느린 기업 수준으로 발전시켰다.

그녀와 그녀 남편은 포브스가 선정한 '세계에서 가장 영향력 있는 커플' 39위에 오르기도 했다. 김진숙 씨에게는 반드시 성공하여 행복한 부자가 되겠다는 강한 욕망이 있었다. 그 욕망이 오늘의 부자 김진숙의 존재를 있게 한 것이다.

단지 부자가 되겠다는 꿈만으로는 부족하다. 타오르는 욕망이 있어야 한다. 진정으로 부를 이루겠다는 욕망이 실행력과 융합할 때 부는 딸려온다.

원하는 것과 갈망하는 것은 다르다. 단순히 원하는 것은 영양실조에 걸리는 상황을 면하게 할 뿐이다. 단순히 원하는 것은 약자나 하는 짓이다. 원하는 것만으로는 부를 향해 돌진할 힘이 생기지 않는다. 욕망은 옥탄가가 높은 연료로서, 부를 향해 힘차게 내달리는 추동력이다. 마음속에 목표를 반드시 이루겠다는 강한 욕망이 있으면 기적과 같은 일이 벌어진다.

의지가 나약한 사람들은 이렇게 말한다.

"부는 운이 따라주는 자의 몫이다. 아무나 부자가 되는 것은 아니다. 나는 운이 없어서 아직 부자가 되지 못했다. 아마도 평생 부자 소리를 듣지 못할 것이다."

이런 마인드로는 당연히 부자가 되지 못한다.

🔑 거부(巨富)행 로켓은 욕망이라는 연료로 움직인다

"꿈을 좇지 말고 행동부터 하라"고 말하는 사람도 있다. 그러나 어떤 일을 실행하기 위해서는 강력한 욕망이 있어야 한다. 자신의 꿈을 이루겠다는 강력한 욕망이 있어야 현실이 움직이는 것이다.

움직이는 세계는 커다란 꿈을 가진 사람들의 것이다. 신기술 개발, 새로운 발명, 현재 시행되고 있는 방법보다 더 좋은 방법을 고안해내는 일 등은 인류 역사 이후 인간이 꾸준히 추구하고 갈망해온 일이다. 그리고 이것들은 모두 꿈을 가지고 그 꿈을 실행하려는 강한 욕망을 가진 사람들에 의해 이루어졌다. 또한 세계경제를 움직이는 거부들은 예외 없이 거의가 큰 꿈을 가지고 있었다. 그리고 그 꿈을 실현하려는 강한 욕망이 있었다. 그 덕분에 오늘날 우리는 그들이 이룬 문명의 혜택을 받고 사는 것이다.

거부행 로켓을 발사대에 올려놓고 거대한 꿈의 발사를 위해서는 '꿈과 목표를 반드시 실현하고 말겠다는 불타는 욕망'이 있어야 한다. 욕망이 수반되지 않은 꿈은 힘이 없다. 욕망이 없는 꿈은 실체가 없는 허망한 것에 불과하다.

거부의 꿈을 반드시 이루겠다는 욕망은 그 자체가 에너지를 발산하는 강력한 힘이다. 꿈을 가진 인간이 목표에 이르도록 도와주는 것이 바로 욕망이라는 에너지다.

강한 욕망이 있으면 부자가 되려는 꿈은 이루어진다. 성공은 쟁취하려는 의지와 노력의 산물이다. 거듭 강조하지만 이 노력은 욕망에서 비롯되며, 이것은 자신의 운명까지도 개척하는 대단히 강력한 힘이 된다.

고정관념을 버려야 한다

부자가 되기 위해 목표를 세울 때 가장 큰 장애는 '고정관념'이다. 이 고정관념을 극복하지 않고서는 부자가 되는 목표를 제대로 수립할 수 없다.

그런데 고정관념을 극복하는 일은 아주 쉬우면서도 한편으로는 힘든 일이다. 지금 대기업의 말단 사원들은 거의가 승진하여 과장을 거쳐 이사나 CEO가 되는 게 성공이라고 생각한다. 그런 생각으로 회사에 충성을 다하는 것이다. 대부분의 직장인은 이런 고정관념에 빠져 글자 그대로 평범한 직장생활을 지속한다.

물론, 직장인의 삶이 계속 원하는 대로 유지된다면 문제가 없을 것이다. 그러나 한 치 앞도 내다볼 수 없는 게 세상일이다. 어느 날 구조조정이나 명예퇴직이 들이닥친다면 직장인으로서의 모든 꿈은 한순간에 산산이 조각난다. 언제 절망의 나락에 빠질지 모르는 이런 삶이 과연 성공한 인생, 그리고 부자 되기를 보장할 수 있을까?

SM엔터테인먼트를 설립하여 막대한 부자가 된 이수만 씨는 원래 노래만 부르는 가수였다. 하지만 그는 그 생활에만 만족하지 않았다. 그는 한동안 고정관념을 놓고 고심해야 했다. 그가 맞서는 고정관념이란 '가수이기 때문에 사업을 할 수 없다'는 것이었다. 만일 그가 그 고정관념을 깨지 않았더라면 오늘날 전 세계를 강타하고 있는 연예인 제국 SM은 물론 수백억 원대의 주식부자 이수만도 존재할 수 없었을 것이다.

🔑 고정관념을 버리면 새로운 기회가 보인다

10여 년 전 LG전자 모스크바 지사장은 러시아에서 '에어컨을 팔라'는 특명을 받았다. 에어컨은 일반적으로 더운 지방에서나 필요한 것인데, 춥기로 유명한 러시아에서 그걸 팔라니, 그는 부임 초기부터 상당한 압박감을 받아야 했다. 그러나 그는 이내 에어컨은 더운 지방의 필수품이라는 고정관념을 버리고 러시아에서도 팔 수 있다는 새로운 희망을 가졌다. 그는 그 희망을 현실화하기 위해 다각적으로 검토했다.

그는 러시아 전역을 돌아다니며 실태를 파악했다. 당시 이미 일본산 에어컨이 집집마다 침투해 있었다. 그는 좀 더 치밀한 조사에 착수했다. 그 결과 러시아 사람들이 에어컨을 사용하는 기간은 3월에서 8월 정도로, 의외로 4개월이나 된다는 것을 알게 되었다. 게다가 러시아에서도 한여름에는 영상 30도까지 올라간다는 사실을 파악했다. 30도가 되는 한여름에서 이내 영하 25도까지 내려가는 혹한의 겨울이 러시아의 기온 패턴이었다.

그는 여름에는 에어컨으로 더위를 식혀주고, 추운 겨울에는 따뜻하게 보낼 수 있는 장치가 필요하다고 생각했다. 그는 곧바로 본사에 연락을 취했다. 에어컨과 히터가 겸용되는 제품을 만들라는 내용이었다. 그렇게 출시된 제품은 오늘날 전 세계에서 애용되고 있다.

에어컨은 여름에만 사용하는 장치라는 고정관념을 버리자 그의 머릿속에 새로운 발상이 떠올랐다. 이렇게 고정관념을 깨면 지금까지 보이지 않았던 길이 새롭게 펼쳐진다.

불가능해 보일지라도 과감히 생각을 바꿔보자. 기존의 프레임을 깨면 새로운 성공의 길이 보인다. 고정관념을 버리면 부자의 길도 열리는 것이다.

부자의 꿈을 안고 도전하라

이 세상의 성공 역사는 도전하는 사람들이 만들어간다. 도전정신이 없었다면 세계적인 명작, 발명품 등이 세상에 등장하지 않았을 것이다. 도전은 새로운 변화를 만들고 '기적'이라는 이름으로 세상을 밝힌다. 당연히 부도 끌어온다.

성공한 부자들도 가끔은 스스로에게 실망하거나 좌절하는 일이 있다. 고생스럽게 일하는 대신 안락함에 몸을 맡기고 싶을 때도 있다. 그들은 그럴 때 한 번 더 자기 자신에게 소리친다.

"나는 할 수 있어! 조금만 더 노력하면 성공할 수 있다. 지금 여기서 포기하는 건 말도 안 돼!"

성공한 부자들은 하고 싶은 일이 있다면 어떤 순간에도 용기를 잃지 않는다. 도저히 불가능하다는 다른 사람의 말에도 귀를 기울이지 않는다. 도전정신만 잃지 않는다면 어떤 어려움이 가로막을지라도 반드시 목표에 도달할 수 있다고 믿기 때문이다.

아주 단순한 일일지라도 지레 겁을 먹고 할 수 없다는 생각에 빠지면 그 작은 일조차 태산처럼 크게 보인다.

한 농부가 있었다. 농부의 밭 한복판에는 커다란 바위가 하나 있었다. 농부는 커다란 바위를 피해 밭을 갈았다. 쟁기질을 하다가 쟁기가 바위에 부딪혀 망가지는 일도 두 번이나 있었다. 농부는 바위 때문에 얼마나 피해가 큰지 모른다며 투덜거렸다.

하루는 농부의 어린 아들이 밭에서 아장아장 걷다가 바위에 부딪혀 다쳤다. 그래서 농부는 이번에야말로 바위를 캐버리겠다고 결심했다. 그는 커다란 쇠 지렛대를 바위 한쪽 밑에 밀어넣었다. 그런데 웬걸! 뜻밖에도 바위는 쉽게 들렸다. 바위가 아주 얕게 박혀 있었던 것이다. 바위가 컸기에 땅속 깊이 박혀 있을 거라고 지레 겁을 먹었은 농부는 그동안 그렇게 골칫덩이 하나를 방치한 채 스트레스를 받고 있었다. 한 번만 시도해보면 되는데 말이다.

해보지도 않고 "할 수 없어"라는 말을 자주 사용하는 사람은 성공의 짜릿한 경험을 단 한 번도 경험하지 못한다. 성공을 향해 도전하겠다는 확고한 의지가 있을 때 지금까지와는 전혀 다른 세계가 펼쳐진다. 도전하는 사람들은 마음속에서 끓어오르는 열정의 온도를 알기에 뒤를 돌아보지 않고 앞으로 나아간다. 열정이 있는 사람들은 기대감이 있어서 항상 설레는 마음으로 도전한다.

『세상에서 가장 위대한 네트워커』의 저자 존 밀튼 포그는 도전적인 삶을 보석에 비유했다.

"인생은 험난한 노정이다. 도전은 그대를 괴롭혀 먼지 속에 사라지도록 하는 것이 아니라 반짝반짝 윤을 낸 찬란한 보석이 되게 하는 것이다.”

자신이 가야 할 길을 분명하게 정했다면 한계를 뛰어넘고 흐트러지지 않도록 중심을 잡아야 한다. 그러자면 헌신적으로 노력하고 끈질긴 인내심을 갖고 피나는 노력을 해야 한다 성공을 향한 도전이 얼마나 멋지고 해볼 만한 일인지를 알면, 모든 일이 가능해 보인다.

🔑 도전은 더 많은 열정을 쏟게 한다

메이저리그에서 성공적인 활동을 했던 유명 야구선수는 말했다.

“나는 경기마다 안타 두 개가 목표였다. 그 정도면 괜찮은 목표라고 생각했다. 적어도 안타 하나는 치겠다는 자세였으니까. 그런데 첫 타석과 두 번째 타석에서 안타를 치고 나면 오늘 목표는 완수했다는 생각이 들어서 긴장이 풀려버렸다. 그래서 세 번째 타석부터는 경기에 집중하지 않았다. 얼마 후 나는 내 생각이 얼마나 어리석었는지를 깨달았다. 내 동료는 첫 타석에서 안타를 치면 ‘오늘 목표는 안타 세 개’, 두 번째 타석에서도 안타를 치면 ‘오늘 목표는 안타 네 개’ 하는 식으로 숫자를 늘려갔다. 그의 도전 의지는 끝이 없었다.”

삶은 도전이다. 성공이라는 산이 우리에게 “어서 도전해봐!”라고 말하며 손짓하고 있다. 삶을 가치 있게 만들려면 내 안의 도전 의지를 깨워야 한다.

미국 심리학자 윌리엄 제임스는 말했다.

“용사의 기분을 맛보고 싶으면 있는 기력을 다해 용사답게 행동하

라. 그러면 용기가 넘쳐나 두려운 감정은 가만히 있을 수 없는 기분으로 대치될 것이다.”

정신과 열정을 제대로 쏟을 때 자신마저 놀랄 정도로 경이로운 힘을 발휘한다.

유씨는 비록 지방대학 출신이지만 우수한 성적으로 졸업하여 서울에 있는 대기업에 취직하였다. 그리하여 평범한 집안의 여자를 아내로 맞이하여 행복한 생활을 하고 있었다. 하지만 그들의 행복은 여기까지였다. 그는 구조조정으로 명퇴를 했고, 설상가상으로 아내가 하던 식당마저 장사가 되지 않아 마침내 빚만 안고 문을 닫게 되었다. 부모에게 물려받은 작은 아파트마저 경매로 넘어가 부부는 거리로 쫓겨났다.

불행은 계속되었다. 직장을 찾아 헤매던 그는 결국 다단계판매업 강사로 취직하였다. 그 회사의 사장은 그의 고향 선배였다. 사장의 권유로 그는 친척에게 돈을 빌려 투자를 했다. 곧 사단이 났다. 1년도 채 안 되어 회사 사장과 임원이 계획적으로 돈을 챙겨 부도를 내고 잠적했다. 그는 가난이라는 대재앙 앞에서, 돈의 위력 앞에서 가정마저 잃고 말았다. 그는 삶의 방향을 잡지 못하고 방황해야 할 판이었다. 하지만 이대로 끝낼 수는 없었다.

돈이 없어서 아무것도 할 수 없는 그에게 남은 것이라고는 이제 삶에 대한 열정뿐이었다. 그는 포기하지 않고 희망의 씨앗을 품었다. 그는 단돈 30만 원을 가지고 지하철에서 장사를 시작했다. 불법이라 단속을 피해가면서 열심히 물건을 팔았다. 비록 판매하는 물건이 1,000원짜리에 불과했지만 열정을 가지고 자신에게 맡겨진 수량을 팔았다.

지하철 장사를 마치고 집에 돌아오면 밤 12시였다. 밥을 먹는 둥 마는 둥 잠자리에 들었다. 지하 단칸방에 사는 자신의 현재 삶이 한없이 처참했지만 그는 반드시 일어서겠다는 의지를 불태웠다. 그 열정을 바탕으로 2년 만에 그는 지하철 장사에서 벗어날 수 있었다.

유씨는 자기가 사는 동네 주위를 돌아다니면서 무엇을 할까 고민했다. 그러던 중 부동산 중개업을 하는 한 부인을 만났다. 중개업의 가능성을 파악한 유씨는 열심히 공부를 했고, 마침내 주변에 부동산 중개업소를 차려 본격적으로 중개업에 뛰어들었다. 돈이 들어오면 무조건 모아두고 적당한 물건이 있을라치면 구입하였다가 되파는 형식으로 돈을 벌었다.

부동산 사업을 성공적으로 경영한 지 3년 만에 그는 재기의 기쁨을 맛보았다. 그리고 잃었던 가정도 다시 찾았다. 그는 지금 은퇴하여 몇십억 대의 부자가 되어 편안한 여생을 보내고 있다. 모든 게 반드시 일어서겠다는 강한 의지와 열정에서 비롯된 것이었다.

열정적인 삶에는 도전이 있다. 용기를 내어 '한 번만 더' 도전하는 것이다. 도전하면 할수록 사람은 담대해지고 강해진다. 지속적인 운동이 몸을 탄탄하게 만들어주듯이, 끊임없는 도전은 정신을 강하게 만들어준다.

Chapter 6

구체적인 목표를 세워라

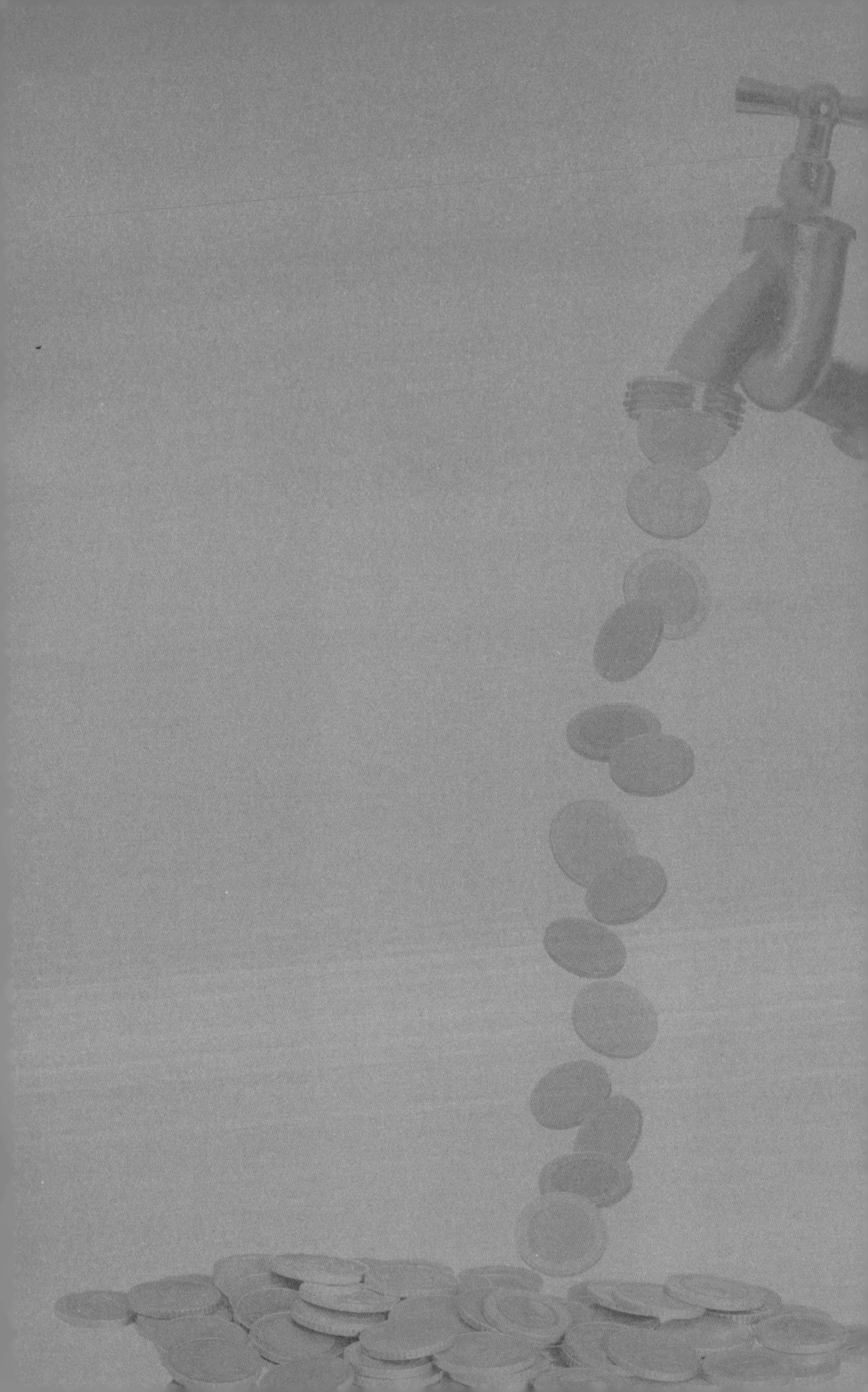

목표에 집중하고 전력투구하라

부를 끌어당기기 위해서는 욕망을 구체적인 목표로 전환해야 한다. 목표를 갖는 것은 부자가 되기 위한 중요한 조건이다. 왜 목표를 가져야 부자가 될 수 있고, 그렇지 않으면 될 수 없을까?

흔히 비전을 꿈이라고 말한다. 하지만 부자가 되기 위한 꿈은 단순한 꿈이 되어서는 안 되며, 구체적인 목표와 계획이 병행된 가시적인 것이어야 한다. 성공한 부자들에게는 분명하고도 구체적인 목표가 있다.

특히 재정적인 비전일수록 더욱 명확해야 한다. 예컨대 '10년 내에 10억 재산가', '20년 내에 100억 부자' 같은 구체적인 목표를 세워야 한다. 막연한 비전은 하늘에 떠 있는 구름 같으며, 보랏빛 환상에 지나지 않는다. 따라서 당신의 몸과 마음을 지배하는 구체적인 목표를 세워야 한다.

부자가 되고 싶은 한 젊은이가 엄청난 재산가인 한 상인을 찾아갔다. 젊은이는 상인에게 어떻게 하면 성공하여 부자가 될 수 있는지 그 방법을 가르쳐달라고 했다. 상인은 그 물음에 대답은 하지 않고 잔에 포도주를 가득 채운 후 젊은이에게 주면서 말했다.

"잔을 들고서 시내를 한 바퀴 돌고 오게. 그러면 부자가 되는 방법을 일러주지. 그 대신 포도주 한 방울이라도 흘리면 어림없네."

젊은이는 행여 한 방울이라도 흘릴까 노심초사하면서 시내 한 바퀴를 돌았고, 마침내 땀을 뻘뻘 흘리면서 상인 앞에 섰다.

"시내 한 바퀴를 돌면서 무엇을 보았는가? 거리의 거지를 보았는가, 아니면 장사꾼을 보았는가? 혹시 술집에서 흘러나오는 음악 소리도 들었는가?"

그러자 젊은이는 대답했다.

"포도주 잔에 신경을 쓰다 보니 아무것도 보지 못했습니다."

젊은이의 말에 상인은 미소를 지으며 말했다.

"그게 바로 부자가 되는 비결이네. 포도주를 한 방울도 흘리지 않겠다는 목표를 세우고 그것을 위해 노력하니까 한 방울도 흘리지 않은 게지. 한 가지 목표를 세우고 그것에 집중하여 목표를 달성하고, 다시 더 높은 목표를 세워 열심히 노력하면 성공할 수 있네. 그러면 마침내 원하던 부자가 되는 게지."

RICH HABIT 2

목표를 구체화해야 한다

욕망을 목표로 전환할 때 다음의 단계를 필수적으로 거쳐야 한다.

첫째, 자신이 원하는 금액을 구체적으로 명확하게 정한다.

그저 막연하게 거금이 생겼으면 하는 정도의 생각으로는 부자가 될 수 없다. 3년 후에는 1억, 5년 후에는 10억, 20년 후에는 100억 하는 식으로 목표를 구체화해야 한다.

둘째, 목표를 정하면서 무슨 일을 할 것인지를 명확하게 정한다.

셋째, 목표 실현을 위한 분명한 계획을 세워 그에 따라 실천한다. 일단 실행하다 보면 조금씩 이루어지는 성취감을 맛볼 수 있을 것이다. 그러면 에너지가 솟아나 목표를 향한 실행력은 더욱더 배가된다.

생각하고 있는 것을 자신이 믿게 된다는 것은 현실적으로 가능해진다는 뜻이다. 그러므로 꿈에 그리던 욕망을 실현하기 위해서는 자신을 신뢰하는 확고한 믿음을 가져야 한다.

　　자기 발견의 리스트에 써놓은 것이 조금이라도 실현 가능한 것이라면 지금 당장 목표를 현실로 옮겨보자.

　　부자가 되기 위한 비결은 어떤 일이 있더라도 부자가 되겠다는 강열한 욕망과 그것을 목표로 전환시키고 계획을 세워 실천하는 데 있다.

🔑 목표가 뚜렷한 이노디자인 김영세 대표

　　김영세 대표의 좌우명은 '미래에 미리 가 본다'이다. 현실 세계에서는 불가능한 일이지만, 스스로 미래에 왔다고 상상하면서 미래의 디자인을 현실로 가져오는 것이다.

　　경기고를 졸업한 김 대표는 부모의 반대를 무릅쓰고 서울대학교 응용미술학과에 입학, 졸업 후 미국으로 건너가 일리노이대학교 대학원에서 산업디자인과를 수료했다. 1979년 미국 뒤퐁사에서 디자인컨설팅으로 시작하여 오늘날 이노디자인을 이끌고 있다.

　　김 대표는 중학교 3학년 때 디자인과 운명적으로 만났다. 그림에 소질이 있던 그는 방과 후 단짝 친구 집에 놀러갔다가 친구의 형 방에서 〈인더스트리얼디자인〉이라는 잡지를 보게 되었다. 그 잡지에는 가정용품, 조명기구, 재떨이 등 온갖 생활용품이 담겨 있었다. 그 순간 생각을 그리는 일, 바로 디자인이 그의 마음속에 들어왔다.

　　김 대표는 미국 유학길에 올라 로스앤젤레스 공항에 내리면서 훗날 반드시 귀국하여 고국에 디자인의 나무를 심겠다고 다짐했다.

　　1999년 호주 시드니에서 열린 월드 디자인 컨퍼런스에 참석한 김 대표는 '디자인 퍼스트'라는 이론을 발표하면서 앞으로 제품 기획은 클

라이언트가 아니라 디자이너가 주도할 것이라고 주장하였다. 과거에는 제조업체가 디자이너에게 제품의 사양을 건넸고, 디자이너는 그리기만 했다. 제조업체가 만든 물건에 대해 디자이너가 외피를 입혀온 것은 산업혁명 이후 관행이었으나 이런 관행을 이노디자인 김 대표가 바꾸어놓은 것이다.

이노디자인을 찾는 제조업체는 이제 "사람들이 원하는 것을 디자인 해달라"고 한다. 다자인은 사람을 위한 것이라는 김 대표는 "사람을 이해하고 심지어 사랑할 때 그 사람이 원하는 것을 형상화할 수 있다"고 말한다.

김 대표는 "디자인이 우리의 미래이고, 브랜드가 최고의 경쟁력이다"라고 말한다. 디자인을 중시하면 고객만족도를 높일 수 있고, 그 자체가 미래의 가치를 높이는 길이라는 것이다.

기업이 디자인의 질을 높이는 방법으로 김 대표는 두 가지를 제시했다.

첫째, CEO를 비롯해 전사적으로 디자인의 중요성을 인식하는 것이다.

둘째, 좋은 디자인을 채택하는 것이다.

김 대표식 디자인 경영이란 CEO가 디자인을 배우고 아는 것이 아니라 디자인을 잘하는 사람을 찾아내는 것이다. 소비자는 디자인을 마음대로 고르지만, 제조자로서 소비자들이 원하는 디자인을 고르기란 만만치 않다. 소비자는 자신이 선택한 다자인에 대해서는 최고의 안목을 가진 사람들이다. 따라서 디자인을 전문가에게 맡기는 것이 디자인 경영이라는 것이다.

김 대표는 좋은 디자인의 세 가지 요소로 심미성, 경제성, 편의성을 꼽는다. 그는 좋은 디자인은 보기 좋아야 하고, 쓰기 편해야 할뿐더러 만들기도 쉬워야 한다고 주장한다.

디자인의 최종 목표는 이윤 창출이다. 보기 좋고 쓰기도 편한데 가격이 너무 비싸다면, 그래서 많이 안 팔린다면 그것은 좋은 디자인이 아니다. 안 팔리는 디자인은 성공할 수 없다.

편의성의 비중도 경제성 못지않게 중요하다. 과거에는 보기만 좋아도 사용했지만, 지금은 그렇지 않다. 요즘 사람들은 쓰기가 불편하면 보기가 좋아도 싫어한다. 이런 이유로 김 대표는 보기 좋고 쓰기도 편리한 디자인에서 대박이 나온다고 말한다.

좋은 디자인은 큰돈을 움직인다. 수십조 원이 왔다 갔다 한다. 좋은 디자인 덕에 회사가 잘되고, 고용이 창출되고, 무엇보다도 이용하는 사람들이 행복해진다. 디자인 강국이야말로 선진국으로 가는 길이라고 그는 역설한다.

김 대표가 실리콘밸리에서 활동할 때의 일이다. 서울에 출장을 온 그는 압구정동 커피숍에 앉아서 지나가는 젊은 세대를 관찰했다. 멋지게 차려 입은 사람들도 하나같이 검은색의 못생긴 MP3 플레이어를 사용하고 있었다. '목걸이형으로 디자인하여 거기에 이어폰 줄을 집어넣으면 좋겠다'는 생각을 한 그는 냅킨을 펼쳐 스케치를 시작했다. 세계 최초로 목걸이형 MP3가 탄생하는 순간이었다.

이노디자인은 2007년 여름 대덕연구개발특구에 디-스튜디오를 열었다. 대덕특구의 기업과 연구소에 제품 기획, 디자인 개발, 마케팅 지원을 원스톱으로 서비스하는 토털 디자인센터다.

김 대표의 목표는 '이노'라는 브랜드를 세상에 남기는 것이다. 100년 장수 브랜드 샤넬처럼 말이다. 그래서 '이노GDN'이라는 회사를 별

도로 설립했다. 최초의 디자이너 디지털 브랜드인 '이노'를 마케팅하는 회사다. 이노디자인은 MP3 플레이어, 가정용 전화기, 마우스 등 자체적으로 개발된 제품을 OEM방식으로 생산한다. 김 대표는 '이노'라는 이름을 남기기 위해 '디자인 바이 이노(Design by Ino)'의 부가가치를 높이는 데 힘쓰고 있다.

기업은 경영자의 높은 이상과 경영이념이 없으면 성장과 발전을 기대할 수 없다. 특히 오늘날 많은 벤처기업이 급속히 사라지는 이유는 CEO들에게 목표와 비전이 없기 때문이다.

김 대표는 기업을 세울 때부터 확고한 목표와 비전이 있었다. 즉, '이노'를 세계적인 브랜드로 만드는 것이었다. 디자인 가치에 대한 확고한 신념이 그의 경영 목표이며 경영 철학이다.

김 대표의 또 다른 경영 목표는 과학적 경영의 지향이다. 과학적인 경영은 미국 기업들의 대표적인 방식으로, 자신이 앞으로 운영하고자 하는 분야의 전문학교에 입학하여 공부하는 것이다. 전문 분야를 공부함으로써 그 분야에 대한 지식을 넓히는 동시에 1인자가 되는 것이다. 그런 과정을 통해 경영에서 일어나는 리스크를 줄일 수 있게 되는 것이다.

목표를 주위 사람들에게 알려라

목표를 수립했다면 그 목표를 주위 사람들에게 공표할 필요가 있다. 그렇다고 돌아다니면서 아무에게나 당신의 목표를 떠들어대라는 것은 아니다. 적어도 당신에게 소중한 몇 명에게는 목표를 공개할 필요가 있다. 왜 공개해야 할까?

비근한 예로 '금연'을 들 수 있다. 오늘날 흡연이 건강에 치명적으로 해롭다는 인식이 널리 퍼지면서 빌딩이나 공공장소는 물론 공원과 버스정류장에까지 흡연이 금지되고 있다. 문제는 개인의 금연 의지이다. 당신이 금연을 결심했으면 주위 사람들에게 알려야 한다. 주위 사람들에게 알리는 것은 자신에게 자극을 주는 동시에 주위 사람들에게 약속을 하는 것이기 때문이다.

마찬가지다. 차원이 높은 비전도 이런 원칙을 그대로 적용하는 것이 좋다. 자신과의 약속을 공개함으로써 성공 확률을 높일 수가 있는 것이다.

미국의 최고 부자 록펠러는 가난에 대한 열등감이 매우 강했다. 그래서 옷차림이 몹시 남루했는데, 그럼에도 그는 주변 사람들에게 "언젠가는 돈을 많이 벌어서 좋은 옷을 사 입고 다니겠다"고 장담했다. 그는 친구들에게 "나는 십만 달러를 벌 거야. 꼭 벌고 말 거야. 나는 반드시 큰 부자가 될 거야" 하고 말했다.

록펠러는 고등학교를 졸업한 뒤 대학에 취직하지 않고 돈을 벌고자 사업을 시작했다. 그는 몇 주 동안 클리블랜드의 거리를 돌아다니며 일자리를 구했는데, 단지 일하기 위해 일자리를 구하는 것이 아니라 자신의 목표를 달성할 디딤돌을 찾고 있었다. 그는 남보다 높은 기준을 갖고 있었다.

"나는 철도 회사, 은행, 도매상 등을 찾아다녔다. 작은 기업은 거들 떠보지도 않았다. 큰 규모의 기업만 찾고 있었다."

그가 훗날 당시를 회상하면서 한 말이다.

그는 우선 경리 직원으로 취업했다. 그는 매일 아침 여섯 시부터 일을 했다. 록펠러에게 일이란 종교적으로 신성한 것 그 이상이었다. 그렇게 3년을 일하면서 그는 약 800달러를 저축하였다.

일정 시간이 흐르자 록펠러는 임금을 올려달라고 요청했다. 하지만 회사는 거절했다. 틈틈이 다른 회사를 구하던 그는 모리스 클라크라는 사람을 만나 훗날 록펠러 회사의 기초가 된 클라크 앤 록펠러 회사를 설립하였다.

록펠러는 일을 마치고 귀가하자면 그날의 하루를 되돌아보면서 자신에게 훈계하는 시간을 꼭 가졌다.

"기회가 왔을 때 조심해야 해. 자만심에 빠지면 실패하기 쉽지. 서둘

러서 되는 일이란 없어. 내가 보기에는 하루하루가 미래를 결정하는 거야."

하루를 소홀히 하지 않고 철두철미하게 열심히 산 덕분에 그는 목표를 이룰 수 있었다. 결국 록펠러는 미국의 최고 부자가 됨으로써 친구들과의 약속 또한 지켰다.

거듭 말하지만 자신의 목표를 주위에 공개하는 이유는 자신이 세운 비전에 더 많은 책임감을 갖도록 하기 위함이다. 주위에 공개하는 것은 자기 자신과의 약속일 뿐만 아니라 주변 사람들과의 약속이기도 하다. 또한 자신의 자존심이기도 하다.

미국이 심리학자 에이브러햄 매슬로는 인간의 욕구를 5단계로 나누었다. 그 마지막 단계가 자존심을 높이려는 욕구로, 사람들은 어느 정도 기본적인 욕구가 채워지면 스스로 존중받기를 원한다. 즉, 타인에게 인정을 받고 싶어하는 것이다. 따라서 자신이 스스로 한 약속을 지키지 못하면, 의지가 약한 인간으로 보여 자신에게는 치명적인 상처가 된다. 인생의 목표를 공개하는 것은 자신의 비전을 성취하도록 하는 원동력이 된다.

분명한 동기를 가지고
목표를 달성하라

목표를 이루기 위한 방법 앞에 선행되어야 할 것은 이유의 정립이다. 그러니 갈망하는 무엇인가를 달성하기 위해서는 먼저 이유를 확실히 따져봐야 한다.

이유는 확실한 동기 유발 요인이자 필요한 일을 꼭 해낼 수 있게 해주는 강력한 자극제다. 인생을 살다 보면 달성하고 싶은 소중한 그 무엇이 있게 마련이고, 그 무엇인가를 달성하는 모습을 마음속으로 그리게 된다. 그러나 그저 꿈으로 간직한 채 목표를 이루고자 하는 이유를 충분히 생각하지 않는다면, 꿈을 실행으로 옮기는 일은 지지부진해지기 십상이다.

부자가 되겠다는 목표를 세웠을 때, 왜 부자가 되어야 하는지 분명한 이유가 있어야 목표를 좀 더 쉽게 이룰 수 있다. 막연하게 부자가 되어야지 하는 생각으로는 절대로 그 근처에도 가지 못한다.

부자가 되겠다는 목표를 달성하기 위해서는 현재 하고 있는 활동과 시간에 변화를 주어야 한다. 새로운 습관을 들여야 할지도 모른다. 이게 가능하려면 역시 목표를 달성하기 위한 이유가 뒷받침되어야 한다. 그 이유라는 것은 행동을 변화시키고 이를 반복시킬 만큼의 강력한 것이어야 한다. 물론 새로운 습관을 만들고 그것을 생활화할 수 있을 정도로 지속 가능한 것이어야 한다.

🔑 이유는 창의성을 발현하는 동인이 된다

이유는 목표 달성에 필요한 행동뿐만 아니라 창의성을 자극하는 동인이 된다. 무엇인가를 원하는 이유가 절실할수록 그 목표에 더욱 집중하게 되고, 그것을 더 많이 생각하게 된다. 따라서 목표를 달성하기 위한 방법도 다양하게 떠오르게 마련이다.

거대하고 강력한 이유는 의식적이든 무의식적이든 간에 마음속에서 설득력 있는 필요성을 만들어내고, 목표한 것을 이루지 못하면 못 배기게 만든다. 그러면 목표를 달성하기 위해 모든 방법을 동원하게 된다. 무언가를 달성해야 할 이유가 분명할 때에만 그에 필요한 행동을 하게 되는 것이다. 그리고 그 목표를 달성하는 데 방해되거나 불필요한 감정들을 하나씩 제거하게 된다. 또한 그 목표를 달성하기 위해 싫어하는 일도 마다하지 않고 하게 된다.

이유는 원하는 것을 머릿속에 뚜렷하게 각인시켜주고 그 달성 방법을 실행에 옮길 수 있게 해준다. 그러므로 어떤 목표를 달성하기 위해 먼저 해야 할 일은 그것에 도달하는 방법을 찾지 말고 그 이유를 찾는 것이다. 거대하고 강력한 이유는 당신으로 하여금 목표를 달성하는 데 필요한 행동을 지속적으로 할 수 있게 도와준다. 이유가 곧 목표 달성의 에너지가 되는 것이다.

부자가 되기 위한 구체적인 목표를 세웠는가? 그렇다면 그 이유를 다시 한 번 따져보라. 이유가 분명해지고, 또한 절실하다면 그때부터 방법을 강구하라. 방법에 앞서 이유가 선행되어야 함을 거듭 강조한다.

Chapter 7

열심히 일하여 돈을 벌어라

스스로 노력하여 부자가 되라

부자들은 과연 어떤 방법으로 그 많은 돈을 벌었을까? 답은 간단하다. 그들은 자신의 노력으로 현재의 부를 일구었다. 물론 부모로부터 많은 재산을 물려받아 그것을 바탕으로 부를 일군 사람들도 있다. 그러나 대부분의 부자는 부자로 태어나지 못했음에도 불구하고 부를 이룩했다. 그들은 스스로의 노력으로 지식을 쌓고 직업을 가졌으며, 열심히 일했다. 그러면서 저축을 통해 종잣돈을 만들었고, 그것으로 투자를 거듭하며 부를 축적했다.

앞서 우리는 생각으로 먼저 부자가 되어야 한다는 것을 알았다. 이런 사고방식은 부를 얻는 과정에서 필수적인 요소임에 분명하다. 그러나 생각만으로 부자가 될 수 없다. 생각이 행동과 결합할 때 '부'라는 결과물을 얻을 수 있다. 따라서 자신도 부자가 될 수 있다는 생각을 가지고, 그 생각을 욕망으로 바꾼 다음, 몇 년 안에 얼마를 벌겠다는 구체적인 목표를 세운 후, 열심히 일을 해야 한다. 즉, 자신의 환경에서 최선의 행동을 해야 한다. 단, 행동은 자신이 속한 직업이나 비즈니스에서 구해야 한다. 부자가 되기 위해 새로운 일을 찾거나 새로운 행동을 궁리하는 것은 예기치 못한 위험을 가져올 수도 있다.

부자가 되기 위해서는 현재 처한 환경에서 할 수 있는 최선의 행동, 즉 몸담고 있는 직업에서 자신의 노력을 최고로 발휘해서 최선의 업무를 수행해야 하는 것이다. 현재의 직업을 더 나은 직업을 얻기 위한 수단으로 활용하고, 더 나은 환경을 만들기 위한 수단으로 사용해야 한다.

🔑 무조건 열심히 일하는 것만이 능사는 아니다

부자가 되기 위해선 열심히 일을 해야 한다. 그러나 일만 열심히 한다고 부자가 되는 것은 아니다. 열심히 일하는 것은 필요조건이지, 충분조건이 아니다.

직장 다닐 때 열심히 일을 했지만 퇴직했을 때 한 푼도 남지 않은 사람들이 있다. 그들은 직장에 있는 동안 고소득을 올렸지만, 퇴직 후 수중에 몇 푼밖에 남지 않은 경우가 많다. 그들이 그런 상황에 처하게 된 것은 열심히 일해서 번 소득을 이미 써버렸기 때문이다. 그러나 열심히 일해서 번 돈으로 부자가 된 소수의 사람은 수익을 소비가 아닌 저축과 투자에 활용하였다.

따라서 부자가 되기 위해서는 저축과 동시에 지속적으로 일과 투자를 병행해야 한다. 그러면서 저축을 늘려 저축과 투자를 삶의 일부로 만들어야 한다. 저축만 하면서 투자를 등한시하거나 또는 투자는 하면서 저축하지 않는 것은 바람직하지 않다. 저축과 투자는 부를 만들어 내는 초석이자 부를 지속시키는 원동력이다.

일할 수 있을 때 벌어라

싫은데 하는 일은 좋아서 하는 일보다 무려 10배나 더 힘들다고 한다. 이왕 할 일이라면, 그리고 내가 일을 할 수 있는 여건이라면 그 상황을 온전히 받아들이고 최대한 즐기면서 해야 한다. 그러기 위해서는 일을 시키는 대로 하지 말고 일을 찾아서, 만들어서 할 필요가 있다.

요즘 '투잡족'이 늘어나고 있다고 한다. 맞벌이하는 상황에서 부부가 투잡을 하게 되면 경우에 따라서는 월 소득 1,000만 원을 넘기는 것도 가능하다. 한 채용 전문 기업의 설문조사에 의하면, 부업을 가질 것이냐는 질문에 응답자의 63퍼센트가 '올해 투잡을 계획하고 있다'고 답했다.

부업을 가질 계획이 있는 직장인을 대상으로, '투잡족이 되려는 이유'에 대해 조사한 결과 가장 많은 응답자의 73퍼센트가 '경제적인 이유'라고 밝혔으며, '퇴직 후를 대비하기 위해'는 15퍼센트, '특기를 살리기 위해'는 7퍼센트, '취미 활동을 위해'가 4퍼센트 등으로 뒤를 이었다. 현재 부업을 갖고 있다고 응답한 직장인을 대상으로 '현재 몇 가지 일에 종사하고 있는가'를 물은 질문에 대해서는 '두 가지'라고 답한 응답자가 90퍼센트로 가장 많았으나 '세 가지'라는 응답도 7퍼센트, '네 가지 이상'은 3퍼센트로 나타나 투잡족 열 명 중 한 명은 이른바 '멀티잡족'인 것으로 나타났다.

전문가들은 내수경기가 위축되고 구조조정 등으로 위기감이 팽배해질 때일수록 직장인들의 투잡에 대한 도전은 계속 증가할 것으로 보고 있는데, 그들은 본업과 부업의 합리적이고 적절한 시간 분배가 중요하다고 얘기한다.

🔑 투잡의 성공조건

앞서 언급했듯, 직장인들의 60퍼센트 이상이 투잡 의사가 있는 것으로 되어 있다. 하지만 그들 중 80퍼센트 이상은 막연한 동경의 수준일 뿐 구체적인 준비는 없는 상태다. 창업과 마찬가지로 투잡 계획도 구체적이면 성공하고, 막연하면 실패할 수밖에 없다.

대부분의 직장인이 그리는 투잡이란 그저 명사형이다. 즉, 투잡으로 소득이 배가된 상태만 그릴 뿐, 소득이 배가될 때까지의 과정에 대해서는 애매한 경우가 대부분이다. 성공적인 투잡을 위해서는 그것이 명사가 아니라 동사라는 걸 잘 기억해야 한다. 분명한 의사를 갖고 성공으로 가는 과정에서 생길 여러 어려움을 극복할 각오를 다지는 게 성공적인 투잡의 첫걸음이다.

지금 시작해야 한다

"난 부자가 될 거야."

"뭘로?"

"아버지가 사업으로 부자가 되었으니깐 분명 나한테도 사업 자질이 있어. 난 사업으로 부자가 될 거야."

부자가 될 거라고 큰소리치는 한 청년으로부터 똑같은 대답에 답답해하던 선배가 다시 그 후배에게 묻는다. 이 선배는 현재 부자의 꿈을 실현하기 위해 작은 사업을 하고 있다.

"그래. 그건 너무 자주 들어서 잘 알겠고, 도대체 뭘로? 뭘로 부자가 될 건데?"

"아직 잘 모르겠어. 지금 찾고 있는 중이야."

"근데 너 지금 한 말도 십 년째 같은 거 알아?"

"그래도 섣불리 사업 시작했다가 망하면 어떡해?"

"한 번이라도 망해보기나 해봐라. 그게, 집 한 채도 안 가지고 있는 사람이 종합부동산세를 걱정하는 거랑 뭐가 다르냐?"

씨앗을 뿌리지도 않고 열매가 나오기를 바랄 수는 없다. 씨앗을 심지도 않았는데 혹시 벌레가 생겨 열매가 나오지 않는 것을 걱정하는 것은 어리석은 짓이다. "지금은 아니야"라고 말하며 일단 물러나 시간만 축내고 있다면 지금 스스로에게 질문해보라.

"도대체 지금이 왜 아닌가? 그렇다면 언제인가?"

당신이 아니라고 하는 지금, 성공하는 사람들에 대해서는 어떻게 설명할 것인가?

🔑 당신이 남보다 잘하는 일은 무엇인가?

지금 시작하지 않으면 당신은 영원히 아닌 것이다. 당신의 손에 백만 원밖에 없다고 1억 원 만드는 일을 시작하지 못하는 건 아니다. 빨리 시작해야 백만 원이 천만 원이 되고 마침내 1억으로 만들 수 있다. '지금은 아니야'라는 어리석은 마인드에서 벗어나 '바로 지금이야'라는 마인드로 당장 행동하는 삶을 살아야 한다. 자신이 가장 잘할 수 있는 것을 발견하고 시작할 수 있다면 그로 말미암아 최고의 성과를 도출할 수 있을 것이다.

여기, 평범한 직장인의 삶을 마감하고 사업가로서 씨앗을 뿌리고 최고의 열매를 가져간 주인공이 있다. 2007년에 인터넷기업 사상 최초로 시가총액 10조 원을 넘어선 기업 대표자, 바로 NHN의 창업자 이해진 의장이다.

그는 NHN을 창업하기 전에 대기업에 몸담은 평범한 직장인이었다. 대학을 졸업하고 1992년 삼성SDS연구소에 입사한 후 5년 동안 남들처럼 직장을 다녔다. 하지만 그에게 그때 직장생활은 지금 못지않은 치열함으로 점철되어 있었다. 말단 사원이었지만 하루 여덟 시간 넘게 지내는 직장에서 자기계발을 게을리하지 않았다. 그는 '직장에서 보내는 시간의 25퍼센트는 순수하게 자기계발을 위해 쓰라'는 원칙을 지켰다.

당시 그는 이 원칙에 따라 하루 여덟 시간 중 두 시간을 자기계발에 투자했다. 남들이 여덟 시간 동안 하는 회사 업무를 여섯 시간에 끝내려니 다소 무리도 따랐다. 그러나 퇴근 이후에 잔업을 하는 한이 있더라도 두 시간의 자기계발 시간만큼은 철저히 지켰고 한 번도 게을리하지 않았다. 물론, 무작정 자기계발을 할 수는 없었다. 그래서 그는 자기계발의 목표를 정하기 전에 이런 질문을 던지며 방향을 잡아나갔다.

"내가 가장 잘 설계하고 개발할 만한 기술이 무엇일까?"

3년 이상을 이 주제에 몰두해서 자기계발에 몰입했고, 찾은 답이 바로 검색엔진이었다. 최고의 포털사이트인 네이버는 그렇게 만들어졌다.

평범한 직장생활을 하고 있다고 평생 직장인으로 남을 것이라는 고정관념을 버려라. 자신의 인생을 바꿀 결정적 기회가 어디에 숨어 있는지 아무도 모른다. 다만, 꾸준한 자기계발을 통해 장점을 찾고자 집중하는 시간을 보내야 한다.

이해진 의장은 이렇게 이야기했다.

"남들보다 앞서 가고 싶고 남들보다 빨리 성공하고 싶을 때, 자신의 환경부터 바꾸려고 한다. 그러다 보니 단숨에 현실을 뒤바꿀 만한 결

정적인 사건을 찾아다니고, 지금 하던 일을 모두 접고 유학을 떠나기
도 한다. 또 난생 처음 해보는 분야에서 용감하게 창업을 한다거나 일
하던 부서를 바꿔달라는 사람들도 있다. 그러나 진정한 결정적 기회는
결국 지금 자기가 할 수 있는 '최선' 속에서 찾아내는 것이다. 환경 때
문에 자기가 하고 싶은 일을 할 수 없는 경우가 얼마나 되겠는가. 뭔가
를 성취하겠다는 열정만 있다면 어떤 환경이라도 해낼 수 있다는 게
내 지론이다.

일 잘하는 사람은 종일 복사만 시켜도 남들과는 뭔가 다르게 업무를
개선하고 창의력을 발휘한다. 질량이 커다란 물체의 주변 공간은 구부
러져 있다고 한다. 열정이 가득한 사람은 환경을 변화시킨다. 환경이
자신에게 맞춰져서, 내가 환경의 중심이 돼야 한다. 문제가 있는 것은
환경이 아니고 자기 자신이다. 오늘도 종일 일하면서 아무런 열정이나
성취욕을 느끼지 못하는 사람은 빨리 자신의 문제를 찾아서 자신을 변
화시키라고 권하고 싶다.”

직장인이라면 누구나 매일 똑같이 반복되는 현재를 떠나 언젠가는
화려한 변신을 하고 싶어 한다. 물론 그 '언젠가는'이라는 꿈을 꾸지만
그 꿈을 이루는 사람은 드물다. '언젠가는'이라는 주문은 끝끝내 '언젠
가는'으로 남게 될 뿐이다.

이해진 의장은 직장인으로 한창 세월을 보내고 있을 무렵 창업을 생
각하며 '도대체 지금이 왜 아닌가? 그렇다면 언제인가?'라는 질문을
통해 그 시기를 정했고, '내가 가장 잘 설계하고 개발할 만한 기술이
무엇일까?'라는 질문을 통해 자신이 가장 잘 개발할 수 있는 기술을 선
정했다.

사업에 대한 모든 생각을 마친 그는 이를 실현하기 위해 자기계발

시간을 확보해서 가능성을 높여나갔다. 직장인으로 사는 것이 나쁘다는 게 아니다. 혹시 직장인으로 살고 있지만 언젠가는 자신의 일을 하고 싶다고 생각하면서 망설이는 사람이 있다면 이해진 의장의 질문으로 많은 깨달음을 얻길 바란다.

좋아하는 일에 승부를 걸어라

"당신의 재능과 세상의 요구가 교차하는 지점에 당신의 천직이 있다."

아리스토텔레스의 말이다. 성공한 부자가 되려면 당신에게 가장 중요한 일에 모든 노력을 기울여야 한다. 가장 중요한 일이란 가장 자신 있고, 즐길 수 있는 일을 말한다.

10년 만에 컨설팅업계에서 성공한 어느 사장은 자신의 사업 철학을 이렇게 말했다.

"사업을 시작할 때 내가 잘하고 좋아하면서 남들이 하지 않는 것을 하면 성공하지만, 내가 잘하지 못하는데 주위 사람들의 판단에 따라서 사업을 결정하는 사람들은 거의가 망하게 마련이다."

당신이 좋아하는 일을 해야 성공할 수 있다. 앞서 말했지만, 싫은 일은 좋아하는 일보다 무려 10배나 더 힘들게 마련이다. 이왕 할 바에는 즐겁게 해야 한다. 직장에 몸담고 있을 때도 마찬가지다. 직장 내에서 인정받고 성공하기 위해서는 시키는 것만 하지 말고 일을 찾아서, 일을 만들어서 해야 한다. 그리고 그 일에 자신의 철학을 담아야 한다. 성공한 부자들은 거의가 일을 즐기는 마니아들이었음을 알아야 한다.

미국의 1퍼센트 최고 부자에 속하는 록펠러와 카네기는 돈을 따라다니지 않았고, 먼저 자신이 좋아하는 일에 최선을 다했다. 두 사람 모두 사업으로 부자가 되었지만, 사업을 하기 전 직장에서 그 누구보다도 성실했다.

록펠러는 첫 직장에서 아침 일찍 출근하여 밤늦게까지 일하다가 11시나 돼서야 퇴근했다. 또 카네기는 철강 회사에서 아무도 시키지 않은 일까지 하여 상사와 회사로부터 인정받았다. 돈도 없고 인맥도 없는 그들은 자신의 위치에서 최선을 다했던 것이다. 그것은 자신의 일을 즐겼기 때문에 가능했다.

진정으로 자신이 원하는 것을 하면서 돈을 번다는 것은 어렵다. 그러나 성공한 부자들을 보면 그들은 분명히 하고 싶은 일을 해서 돈을 벌었다. 자기가 하는 일을 통해서 부를 창조해내는 것이 가장 중요하다. 그러나 평범한 직장인들은 대부분 목구멍이 포도청이니, 자기가 좋아하는 일을 하면서 돈 버는 것을 사치로 여길 수도 있다.

그런데 여기서 우리가 간과해서는 안 될 것이 있다. 즉, 평범한 사람들은 현재의 위치에서 변화하기를 두려워한다는 사실이다. 변화가 어려운 것은 변화의 본질인 습관에 도전해서 습관을 고치는 일이기 때문이다. '세 살 버릇이 여든까지 간다'는 속담이 있듯이 일상을 바꾸는 일은 그 어떤 일보다 힘든 게 사실이다. 따라서 변화하기 위해서는 매뉴얼이 요구되고 특별한 노력이 필요하다. 목적과 분명한 의식 없이는 변화란 불가능하다.

변화는 먼저 자기 자신에게 돌아가야 한다. 변화란 다른 누군가가 되는 것이 아니라 철저히 자기 자신이 되는 것이다. 진실한 자기 자신을 발견하지 못하고서는 변화를 이룰 수 없다.

직장생활을 하는 과정에 상사나 주위 사람들로부터 "너 전문가가 되어보면 어떻겠니?", "40대 이후에는 뭐 할래?" 등의 소리를 듣는다. 하지만 이런 소리를 듣기 전에 먼저 가장 자기다운 사람으로 돌아가서 진정으로 자기가 하고 싶은 일을 찾게 되면 이런 충고 따위는 받지 않게 된다.

'하고 싶은 일을 하려면 가족을 부양할 수 없다'는 말을 하는 사람들이 있다. 이런 사고방식은 버려야 할 낡은 것이다. 아직까지도 그렇게 생각하는 사람들은 세상에는 '하고 싶지만 할 수 없는 일과 하고 싶지 않지만 해야 할 일'로 나뉘어졌다고 생각하고 있다. 그러나 오늘의 현실은 예전과는 전혀 다른 형태로 움직이고 있다. 현재는 다양성과 전문성 속에서 자신이 원하는 일을 해야만 성공하여 부를 얻을 수 있다. 만약 당신이 현재의 일을 저주하면서도 그 일터를 떠나지 않고 있다면 그것은 실제로 그 일을 좋아하기 때문이다.

🔑 자기가 좋아하는 일인지를 아는 방법

그렇다면 자기가 좋아하는 일이 무엇인지 어떻게 알 수 있을까? 직장인들 중에는 남들과 차별성이 없고 고만고만한 능력을 가진 사람들이 대다수이기 때문에 경쟁에서 밀리는 경우가 많다. 문제는 자신의 어중간한 능력이 문제라는 것을 인식하지 못하고 있다는 점이다. 능력이 문제가 되지 않더라도 자신에게 어울리는 일이 무엇인지 모른 채 맞지 않는 직장생활을 하면서 갈등을 겪는 사람들이 많다. 자신을 잘 모르는 이유는 여러 가지가 있겠으나 무엇보다 자신을 냉정하게 평가해볼 기회를 갖지 못한 탓이 크다. 그러므로 자신이 무엇을 좋아하는지를 따지기 전에 스스로를 냉정하게 평가해볼 기회를 갖는 것이 선행되어야 한다.

세계적으로 유명한 작품을 남긴 위대한 예술가들은 그들이 하고 있는 일을 즐겼다. 빈센트 반 고흐는 평생을 쉬지 않고 그림을 그렸고, 피카소는 진즉부터 공방을 운영했다. 다비드상으로 유명한 미켈란젤로는 스스로 창작 활동을 즐겼고 아름다운 육체를 가진 사람들을 사랑했기 때문에 예술에 몰입할 수 있었다.

예술가마다 동기는 다를 수 있으나 창조하는 일 자체를 즐겼기 때문에 그런 엄청난 결과물을 남길 수 있었으리라! 예술가들의 작업에 대한 열정은 우리 평범한 사람들에게도 똑같이 적용될 수 있다.

성공한 부자가 되고 싶다면 좋아하는 일을 하라. 좋아하는 일을 자신의 일로 만들고 자신이 하고 있는 일을 즐겨라. 현재 대한민국의 부자들은 자신이 즐기는 일을 하면서 '부유함'이라는 부가적 보너스를 받은 사람들이다. 그들은 부자의 즐거움을 누릴 뿐만 아니라 일을 하면서 즐거움까지 독점하고 있다.

열정적으로 일하라

어느 분야에서 무슨 일을 하든지 간에 성공하여 부자가 되기 위해서는 열정을 가져야 한다. 열정 없이 일했을 때는 기대할 만한 결과를 얻을 수 없다.

미국 GE의 창시자 잭 웰치는 성공하는 사람들의 공통점은 열정이라고 했다. 케이클라비스투자자문 대표이사 구재상 씨도 "열정이 없으면 실패는 실패로 끝나고 말지만, 열정이 있으면 실패는 성공의 밑거름이 된다. 성공하지 않으면 죽고 말겠다는 열정만이 치열한 경쟁을 뚫고 나갈 수 있다"고 말하였다.

열정은 뜨거운 정신이다. 열정은 별 볼일 없던 일을 새롭게 변화시키는 힘이다. 열정이 넘치는 사람은 자신의 삶에서 즐거움을 찾아내고, 언제나 젊게 살아간다. 그래서 많은 이가 열정적으로 살아가는 사람을 부러워한다.

열정에 따라 행동하면 쉽게 집중할 수 있을뿐더러 더욱 적극적인 자세로 세상을 살아갈 수 있다. 자연히 다른 사람들과 비교할 때 뛰어난 성과를 올리고 부자가 되어 행복한 삶을 살 수 있다.

현대 미술의 거장 피카소의 경우를 보자. 스페인 태생의 프랑스 화가 피카소는 그림을 그리는 일에 온 열정을 바쳤던 인물로 유명하다. 그는 불과 스물다섯 살 나이에 다른 화가들이 평생 동안 그릴 그림을 다 그렸다. 그의 작품성이 인정받기 시작하면서 그림은 엄청난 가격에 팔려나갔다. 억만장자가 되었지만 그는 정작 돈에는 관심이 없었다. 그저 그림을 그리는 일이 즐거웠고, 그럴수록 더욱 심혈을 기울여 그렸다. 그가 아흔한 살의 나이로 세상을 떠날 때 그를 지킨 것은 그림 그리는 도구였다. 이처럼 성공하려면 원하는 일을 멈추지 말고 계속해야 한다.

일을 즐겁게 하면 현실을 잊을 정도로 일에 집중하게 된다. 쓸데없는 잡념을 떨쳐버리고 자신의 일에 최선을 다하는 것이다. 즐겁게 일하는 사람에게는 불평불만이 생길 틈이 없다.

이렇게 자신이 하는 일에 집중하여 열심히 할 수 있는 것은 그 일에 대하여 열정이 있을 때 가능하다. 그러므로 어차피 해야 할 일이라면 즐겁게 열정적으로 하라. 그러한 노력이 '성공과 부'라는 결실로 보답할 것이다.

일을 즐기는 사람이 있다. 그런 사람은 늘 표정이 밝고 일을 할 때 열정적이다. 일에 열정을 쏟아 부을수록 몸에 호르몬 분비가 왕성해져서 지치지 않고 의욕적으로 할 수 있다. 마음껏 일에 집중한 다음에 긴장을 풀면 휴식이 주는 안락함을 경험하게 된다. 이렇듯 즐겁게 열정적으로 일하면 세상을 보는 시각이 달라진다.

대부분은 자신이 어떤 일에 열정을 느끼는지 알지 못한 채 현재 하고 있는 일에도 전념하지 못한다. 그래서 즐겁게 하지도 못할뿐더러 진정으로 원하는 삶을 살지도 못한다. 불행하다고 느끼지 않더라도 삶에서 소중한 무언가가 빠졌다는 생각이 들 수도 있다. 혹은 사는 게 의미 없고 허무하다는 생각이 들 것이다.

누구에게나 열정은 있다. 단지 드러날 기회를 만나지 못한 것뿐이다. 그렇다면 잠재된 열정을 찾는 여행을 떠나보자.

첫째, 살아오면서 자신도 놀랄 정도로 열정적인 순간이 어떤 일을 할 때였는지 스스로에게 물어라. 어린 시절 좋아했던 일은 무엇이었는가? 커서 어떤 사람이 되고 싶었는가? 시간 가는 줄 모르고 열정적으로 했던 일이 있었는가? 지금 하고 싶은 일은 무엇인가? 스스로에게 이런 질문들을 던져라.

둘째, 가까운 친구나 배우자, 가족 등에게 자신의 장단점, 재능, 능력 등에 관해 물어라. 가깝게 지내는 사람이 나 자신보다 더 잘 알 수도 있다.

셋째, 동호회나 취미생활을 적극적으로 즐겨라. 좋아하는 일 중에서 열정을 발견하기 쉽다.

넷째, 배우고 싶은 강좌를 수강하라. 대학원에 들어가거나 학원 강좌를 들어도 좋다. 새로운 경험은 숨어 있는 열정을 자극하는 데 도움이 된다.

다섯째, 사회생활에 적극적으로 참여하라. 사회생활을 하면 자신이 어떤 일을 잘하는지, 어떤 성향의 사람인지 좀 더 객관적으로 바라볼 수 있다.

　여섯째, 여행, 독서 등 자신의 내면을 바라볼 시간을 가져라. 여행은
세상을 넓게 바라보는 안목을 키워주고, 독서는 새로운 아이디어와 다
른 사람의 삶을 엿볼 기회를 준다.

　시인 사무엘 울만은 말했다.
　"세월은 피부에 주름살을 만드나 열정을 포기하는 것은 영혼에 주
름살을 만든다. 열정이 스위치를 끌어당긴다."

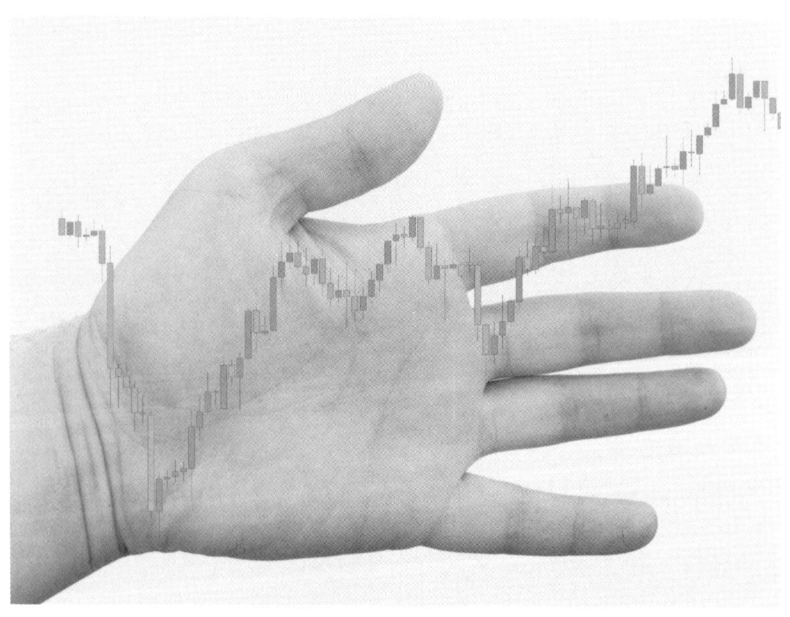

최선을 다할 때 신뢰를 얻는다

카루소가 테너 가수로 세계적인 명성을 날리고 있을 때, 어느 자선 음악회에 출연하게 되었다. 음악회 주최 측은 카루소가 출연한 것 자체만으로도 영광스러워했다.

"이것은 자선 음악회입니다. 선생님이 오신 것 자체가 영광이죠. 선생님 명성 때문에 많은 사람이 모일 것입니다. 선생님께서는 부담 없이 편하게 노래하십시오. 특별한 기법이 없어도 됩니다."

그러자 카루소는 몸을 일으키며 진지하게 말했다.

"저는 지금까지 최선 이하로 노래한 적이 없습니다."

우리는 흔히 "인복(人福)이 있다"는 말을 한다. 주위에 좋은 사람들이 많이 모일 때 쓰는 말이다. 그저 능력 있는 사람만이 아닌, 꼭 필요할 때 도움을 줄 사람 말이다. 주위에 사람이 많이 모이는 성공한 부자들을 보면 밝고 긍정적이고 매사에 최선을 다하는 경향이 있다. 최선을 다하는 것은 그만큼 다른 사람에게 신뢰감을 준다. 최선을 다하는 사람에게는 아무도 부정적으로 말할 수가 없다. 그저 믿고 따를 뿐이다.

철강왕 카네기의 묘비에는 이런 글귀가 쓰여 있다.

'자신보다 뛰어나 사람을 능숙하게 다룰 줄 아는 사람, 여기에 잠들다.'

카네기가 얼마나 열정적이고 최선을 다하는 삶을 살았는지 알 수 있는 문구다. 카네기는 유능한 인재를 발견하는 능력이 있었고, 그 인재를 다룰 줄 알았다. 실력과 성공적인 인간관계가 뒷받침하고 있었으니, 카네기에게 성공이라는 단어가 그리 요원하지만은 않았을 것이다.

부자들은 언제나 최선을 다한다. 자신의 일에 최선을 다할 뿐만 아니라 주변 사람들에게도 큰 힘이 되어준다. 그들과 같이 일한다는 것 자체만으로도 힘이 된다. 그들은 땀의 의미를 알고 언제 어느 순간에나 열심히 살아간다.

시인 로버트 브라우닝은 최선을 다해 성공한 부자들을 이렇게 정의했다.

"위대한 사람은 단번에 그와 같이 높은 곳에 오를 수 있었던 것은 아니다. 다른 사람들이 잠잘 때 일어나서 일에 몰두했을 것이다. 인생은 자고 쉬는 데 있는 것이 아니라 한 걸음 한 걸음 최선을 다해 걸어가는 데 있다."

황혼이 물드는 시간에 자신을 바라보아도 최선을 다한 삶에 후회가 없고 보람 있다면 그보다 더한 성공이 어디에 있겠는가. 땀을 흘리고 난 후에 먹는 밥 한 그릇, 냉수 한 대접의 맛을 무엇에 비유할까. 삶도 마찬가지다. 매일매일 최선을 다한다면 놀랄 만한 성과가 다가올 것이다.

증기기관차를 발명한 조지 스티븐슨은 영국 뉴캐슬 부근 와이램에서 탄광 화부(火夫)의 아들로 태어났다. 집이 몹시 가난했던 스티븐슨은 학교에 가는 대신 열두 살 때부터 아버지가 다니던 탄광에서 일했다. 열네 살 때 탄광 화부의 조수로 일했고, 열다섯 살 때 비로소 정식 화부가 되었다. 그러나 일하는 중에도 틈틈이 글을 배워 증기기관에 관한 책을 읽으면서 지식을 쌓아갔다.

스물세 살 때 킬링워스 마을의 탄광으로 옮겨 기관사가 되었으며, 서른세 살 때인 1814년에 최초의 증기기관차를 만들었다. 어려운 환경에서도 집념과 열정으로 목표를 향해 최선을 다한 스티븐슨을 오늘날 사람들은 '철도의 아버지'라 부른다.

위대한 발명을 하여 부자가 된 사람들을 보면 그들에게 꼭 특별한 재능이 있었던 것은 아니다. 에디슨의 경우를 보자. 그는 위대한 발명가였지만 심한 건망증 환자였다. 이 때문에 학교 성적은 언제나 꼴찌였다. 학교 교육에 제대로 적응하지 못하자 어머니가 집에서 직접 가르쳤다. 특히 수학과 과학에 흥미를 느끼도록 했는데, 어머니의 사랑과 열의가 담긴 가르침 덕분에 에디슨은 점차 공부에 흥미를 느낄 수 있었다. 그렇게 에디슨은 자신의 재능을 발전시켰고, 매사에 최선을 다했다. 그리하여 천 개가 넘는 발명으로 부를 거머쥘 수 있었다.

몸값을 올려라

또 다른 철도왕이라 불리는 미국의 제임스는 원래 철도 공사판에서 일하는 막노동자였다. 그가 가장 쉽게 잃을 수 있는 일자리는 철도 공사장이었다. 당시 공사판에서 하루 임금이 5달러밖에 되지 않아 많은 사람이 임금을 더 많이 주는 공사장으로 떠났다. 하지만 제임스는 임금보다 철도라는 교통수단이 완성되기를 소망하며 철도 일에 매달렸다.

철도를 위해 태어난 사람처럼 철도 일에 몰두하다 보니 막노동이지만 즐겁게 일을 하게 되었고, 그런 모습을 본 회사 간부가 그를 현장 감독으로 승진시켰다. 철도 일에서 누구보다 열정을 가진 그는 다시 매니저로 승진하였고, 결국 그토록 꿈꾸던 철도공사 사장이 되었다.

어느 날, 현장을 순찰하는 도중에 초췌한 막노동자가 그의 손을 붙잡았다.

"사장님, 저 모르시겠습니까? 30년 전에 하루 5달러를 받고 막노동할 때 저와 함께 일하지 않았습니까?"

이내 알아본 제임스는 반갑게 그의 손을 덥석 잡으며 말했다.

"알지요. 알고말고요. 그런데 나는 그때 5달러 때문에 힘든 막노동을 한 게 아니라 철도사의 경영자인 꿈을 이루기 위해서 일했지요."

오늘날 예전과 달리 부자가 되는 가장 보편적인 방법은 직장에서 성공하는 것이다. 직장에서 성공할 때 부는 저절로 따라오게 마련이다.

그러면 직장에서 성공하여 부자가 되려면 어떻게 해야 할까? 앞의 예에서 나온 제임스처럼 경영자가 되겠다는 꿈을 가져야 한다. 그 꿈인 경영자의 지위에 오르기 위해서는, 오너의 자식이 아닌 한 노력으로 차근차근 한 계단씩 밟아 승진해야 한다. 그리하여 이사 이상의 지위에 오르면 오늘날 억대 연봉을 받을 수 있으며 부자의 대열에 합류할 수 있다.

그러면 어떻게 해야 연봉을 억대 이상 받는 위치에 오를 수 있을까? 구체적으로 다음 세 가지 측면에서 그 방법을 찾아야 한다.

첫째, 자기계발이다.

먼저 종사하는 분야에서 전문가가 되어야 대우를 받고 몸값을 올릴 수 있는데, 전문가가 되기 위해서는 자신에 대해서 과감히 투자해야 한다. 글로벌 시대에 영어 실력은 필수다. 영어로 프레젠테이션을 할 수 있는 사람과 그렇지 못한 사람과의 차이는 연봉에서 적어도 1,000만 원 이상의 차이가 나며, 이직에 대한 기회도 50퍼센트 이상 차이가 난다.

또한 자신의 능력을 객관적으로 보여줄 수 있는 자격증 취득도 필수다. 자격증을 12개나 가지고 있는 B씨는 업무 시간 이후와 주말을 활용하여 온라인 스터디 그룹을 만들어 자격증을 하나씩 땄다고 한다. 이렇게 자격증을 많이 따다 보니 그 방면에 대해 문의를 해오는 선배나 후배가 많다고 한다. 그는 사내 전문가로서의 위치를 굳힌 셈이다.

둘째, 인맥관리다.

부자들이 성공하는 데 큰 자산으로 손꼽는 것이 바로 인맥이다. 평상시뿐만 아니라 비상시에도 당신을 후원해줄 천군만마 같은 그런 아군이 있는 사람들은 거의가 성공한 부자들이다.

최근 기업에서 면접을 볼 때 가장 중요하게 보는 항목이 커뮤니케이션 능력이다. '사람이 모이는 곳에 돈이 모이고, 지식이 모이는 곳에 돈이 쌓인다'는 말처럼 주위에 사람들이 모일 때 돈도 따라오게 마련이다.

21세기 디지털 시대에 성공한 부자가 되기 위해서는 인맥을 비즈니스에 활용하여 가치를 만들어낼 줄 알아야 한다. 그리고 그런 단단한 인맥을 만들기 위해서는 평소 주위 사람들에게 겸손해야 하며 긍정적인 영향을 줌으로써 서로의 관계를 한층 더 발전시켜나갈 수 있어야 한다.

성공한 부자가 되려면 주변에 자신을 알리고 주위 사람들을 자기 사람으로 만드는 노력을 게을리해서는 안 된다. 주변에 당신을 도울 사람이 많으면 그만큼 성공 확률도 올라갈 것이다. 인맥이 곧 돈인 것이다.

셋째, 경력관리다.

성공한 부자가 되기 위해선 필수적으로 경력관리를 해야 한다. 그러나 경력관리를 한다고 하여 이직을 하면 안 된다. 특히 현재 근무하고 있는 회사에서 어떤 성과를 올리지 않았음에도 이직을 한다는 것은 절대로 피해야 한다. 이직은 충분히 준비된 다음에 해야 한다. 또한 유학이나 연수 명목으로 함부로 사표를 내어서도 안 된다. 현업에 복귀했을 때 감각이 무디어질 수 있기 때문이다. 경력관리에서 알아야 할 것은, 진정한 프로는 일하면서 공부한다는 점이다. 따라서 공부하기 위한 명목으로 쉽게 직장을 포기하지 말아야 한다.

한편, 급한 마음에 쉽게 직장을 구하게 되면 결국 그만두게 되는데, 이럴 경우 이직 경력만 늘어난다. 경력 개발의 80퍼센트는 현장에서 이루어진다.

오늘날 직업세계는 날이 갈수록 남다른, 차별화된 능력을 요구하고 있다. 남다른 직업 능력이란 장기적 안목에서 계획적으로 준비하며 직장생활을 하는 사람만이 갖출 수 있는 능력이다. 아무 계획 없이 되는 대로 일하는 사람은 뛰어난 능력을 개발하기가 어려워져서 결국 경쟁에서 밀려난다.

경력관리를 잘하기 위해서는 직위 중심에서 직무 중심으로 마인드를 바꾸어야 한다. 우리나라 사람들은 관리직을 선호하는 경향이 강하다. 그러나 구조조정의 대상 1호가 관리직이라는 사실도 알아야 한다. 따라서 전문성이 결여된 관리직은 언젠가는 구조조정의 대상이 되게 마련이므로 전문성을 확보해 기회임금을 높여야만 고용 불안에서 벗어날 수 있다.

자신의 몸값은 시장법칙에 따른다고 생각하는 것이 좋다. 즉, 수요와 공급의 법칙이 자신의 몸값에 중요한 영향을 미친다. 직위가 올라갈수록 노동시장에서 수요가 줄어들므로 자신의 경력이나 전문성을 차별화하는 데 주력해야 한다. 예컨대 당신이 연수 담당자라면 자신의

위치에서 다른 사람과 차별화할 수 있는 부분, 즉 외국어 실력이 능통
하거나 정보통신 기술에 일가견이 있는 교육 전문가가 되어야 하는 것
이다.

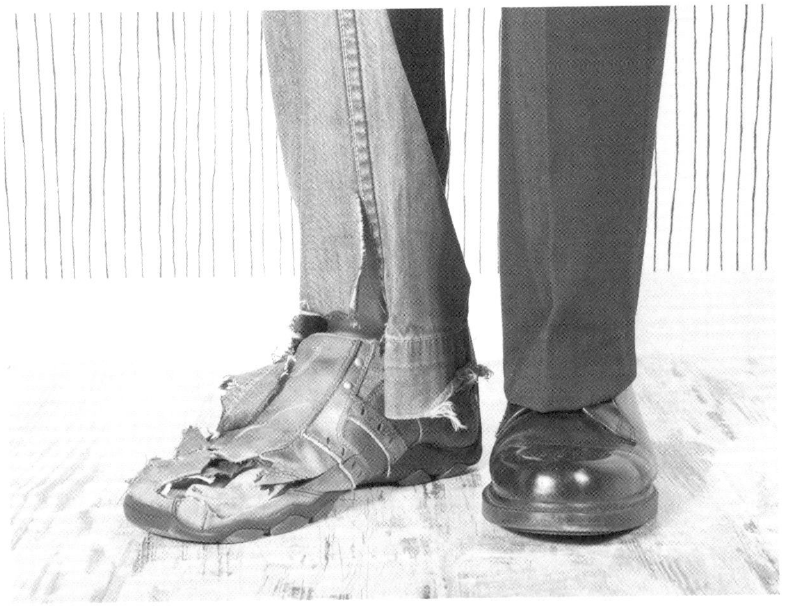

Chapter 8

새로운 지식으로 무장하라

지식이 곧 무기이다

과거에는 충성심 강하고 성실히 일하는 사람이 사회나 직장에서 최고로 인정받았다. 그리고 그런 사람들이 실제로 성공하는 확률이 높았다. 세월과 함께 분위기가 많이 달라지긴 했지만 요즘에도 성실과 부지런함은 부자가 되기 위한 필수 요소다. 지식산업사회인 요즘, 여기에 필수 항목 한 가지가 더 추가되었다. 바로 '얼마나 새로운 지식으로 무장하고 있느냐' 하는 점이다.

개인 컴퓨터의 보급과 인터넷 및 전자상거래 등으로 대표되는 정보기술혁명으로 인해 사회나 기업 환경은 급격히 변화하고 있다. 혁신에 혁신을 거듭하고 있는 만큼 상대적으로 기업 환경은 불확실해지고 있다. 자연히 기업 내에 있는 개인들의 전망도 불투명해지고 있다. 이런 시점에서 생존하려는 기업들의 노력에 발맞추어 개인들도 경쟁력을 갖출 필요가 있다. 그 경쟁력의 핵심은 바로 지식이다.

선진기업들은 스스로 생존해 나아가기 위해 조직의 무형자산을 토대로 가치를 창조하는 경영을 하고 있다. 조직에 필요한 지적 자산을 기획, 개발하여 공유함으로써 조직 전체의 문제 해결 능력과 경영 효율을 향상시키는 것이 바로 요즘 회자되고 있는 '지식경영'이다.

🔑 혁신적 지식과 기술이 경쟁력이다

지식과 기술의 변화는 미래 사회의 경쟁력을 좌우하는 요소가 되고 있다. 미래 사회에서 경쟁력을 갖기 위해 가장 중요한 것은 자료를 정보로, 정보를 지식으로 전환할 줄 아는 능력이다.

정보화 시대의 자료는 주로 숫자, 단어, 소리, 이미지로 되어 있다. 이러한 자료들이 어떻게 가공되고 처리되느냐에 따라, 어디에 이용할 수 있는가가 결정되고 그 가치가 메겨지는 것이다. 그리고 그 가치와 의미에 따라 정보가 되느냐, 아니면 그냥 숫자의 나열로 그치느냐가 결정된다.

정보는 자료가 의미 있는 체계로 정리된 것을 말한다. 예컨대 숫자는 자료이지만 난수표는 정보이며, 소리는 자료지만 그러한 소리의 특정한 시스템 조합은 음악이라는 정보가 된다. 그러한 음악이 지식이 될 수 있는가는 그 소리를 듣는 청자가 이해하도록 학습할 수 있게 하느냐에 달려 있다. 예컨대 피아노 초보자가 한 왈츠 곡을 듣고 여러 스타일로 연주할 수 있는 것이 바로 정보를 지식으로 전환한 경우라 할 수 있다. 초보자가 명연주자에 의해 연주된 왈츠 곡을 듣고 왈츠 곡을 연주할 수 있다면 명연주자의 연주는 정보라기보다는 초보자의 지식의 원천이 되는 것이다.

중세 때는 땅을 가지고 있는 것이, 산업사회에서는 돈을 가지고 있는 것이, 그리고 정보사회에서는 정보를 갖고 있는 것이 권력이 된다. 이처럼 권력의 원천이 바뀐 이유는 권력 수단이 이전되었기 때문이다. 그러므로 권력의 주체도 지벌(地閥)에서 재벌로, 다시 재벌이 지벌(知閥)로 이동되고 있다.

이제 변화는 시작되었다. 오늘의 사회는 정보 시대에서 정보의 적용과 생산적 사용으로 가는 지식 시대로 전환하고 있다. 이러한 시점에서 부자로 성공하기 위해서는 사회 변화에 맞춰 풍부한 지식을 섭렵해야 한다. 지식은 부자로 가는 가장 강력한 무기다. 따라서 평생 능력을 갖는다는 것은 계속 새로운 지식으로 무장한다는 것을 의미한다.

왜 평생 능력인가? 그것은 한 가지 분야에서 전문성을 가지면 그 전문성은 반드시 전이되기 때문이다. 예를 들어 치킨집을 성공적으로 운영한 사람은 오리집을 운영해도 성공할 가능성이 높다. 주식 투자를 하여 성공한 사람은 채권 투자에서도 그 감각을 살릴 수 있다. 문제는 배우는 방법을 그 사람이 갖고 있느냐 하는 점이다. 직장에서도 한 부서에서 훌륭한 성과를 보여주었던 사람은 다른 부서에 가더라도 훌륭한 성과를 낼 가능성이 높다. 그것은 학습하는 방법을 알기 때문이다.

알고 있는 것과 모르는 것의 차이는 단순히 알고 모르고의 차원이 아니다. 삶에서도 모르는 사람에게는 평범한 내용도 신기하게 보일 수 있다. 그런데 중요한 것은 단순히 신기하게 보이고 잊히면 좋은데, 왜곡해서 사물을 보고 해석하게 된다는 데 있다.

요컨대 지식은 올바르게 사물을 볼 수 있는 능력이다. 이런 능력은 꾸준히 배우고 새것을 탐구함으로써 키워진다.

새로운 지식으로 무장하라

현대사회의 특징은 새로운 지식이 계속 창출되고, 그 주기가 점점 짧아진다는 것이다. 몇 년이 아니라 몇 시간 단위로 새로운 지식이 창출된다. 낡은 지식은 더 이상 의미가 없다.

이제 지식은 저장(Stock)의 개념이 아니라 '지나가버린다'의 개념으로 이해되어야 한다. 옛날 지식은 새로운 지식을 쌓아가기 위한 기초 토대로서의 역할을 하고, 새로운 지식은 새로운 기회를 창출하는 역할을 맡고 있다. 한 번 만든 지식은 계속 진화시켜야 한다.

지식은 변한다는 생각을 잊어서는 안 된다. 나무가 성장하는 것처럼 하나의 지식은 정(靜)이 아니라 동(動)이다. 언제나 지식은 다른 진보된 지식으로 교체된다. 그렇지 않으면 현재의 지식은 쓸모없는 지식으로 전락하고 말 것이다. 내 지식이 머물 동안 타인의 지식은 흘러서 바다로 가는 양상인 것이다.

새로운 지식으로 무장하기 위해서는 새로운 경제용어들에도 익숙해 져야 한다. '모기지론'이 뭔지 모르는 사람은 그런 용어를 들어본 적이 있다고 하더라도 기회를 창출해낼 수 없다. 당연히 자신이 모르는 개념이나 기술이 쏟아져 나오는 모든 지식을 개인의 힘으로 수용한다는 것은 불가능하다.

이런 상황에서 단지 뒤처지기 싫다는 이유만으로 억지로 집어넣는 식의 접근은, 학창 시절 무조건 외우는 공부에 열중하던 것과 별반 다르지 않다. 자신에게 필요한 지식이 무엇인지 선별하고 이를 체계적이고도 경제적으로 습득하며, 또한 그것을 타인과 공유하려는 자세가 바람직하다.

새로운 지식을 접할 때에는 단순히 책이나 자료를 첫 줄부터 읽어나가기보다는 전체적으로 훑어보면서 안정적이고 객관성이 높은 명사적 개념부터 명확히 이해하고 머릿속에서 전체적인 틀을 구성하는 것이 좋다. 그런 의미에서 용어를 정확히 이해하는 것은 필수다.

다음으로 필요한 것은 개념들 간의 관계와 속성을 파악하는 것이다. 초고속 인터넷 서비스의 경우를 예로 들어보자. ADSL과 홈 PNA방식은 기존 전화선을 사용하고, CATV 인터넷은 케이블 TV망을 사용하므로, 사용 선로라는 속성은 이들을 서로 다른 분류에 위치시킨다. 지식이란 이처럼 관계와 속성에 의해 만나기도 하고 떨어지기도 한다.

주기적으로 자신의 역량을 평가하는 것도 중요하다. 지식을 확보하는 데에서 어느 정도의 수준에 있는지 주기적으로 평가하는 기회를 가질 필요가 있다. 그러기 위해서는 이제까지 이룬 모든 일에 대하여 목록을 만들고 세분화시킨 다음 그래프를 그려야 한다. 작년 대비, 2년 전 대비의 분석을 통하여 스스로 향상되고 있는지 평가해보라. 그림은 단순한 자료의 형상화에 불과하지만 당신의 마음을 자극하는 독촉장 역할도 할 수가 있다.

🔑 돈에 대해서 늘 공부한다

부자가 되기 위해서는 늘 돈에 대해서 연구하고 공부해야 한다. 이렇게 공부하다 보면 투자에서의 성공률이 일반인보다 월등히 높아진다. 좋은 투자처에 대한 안목은 철저한 공부에서 비롯된다. 학창 시절에 공부 잘했던 친구들이 큰 부자가 되지 못하는 것은 그들 대개가 사회에 나와서는 공부와 담을 쌓았기 때문이다.

그들은 좋은 대학을 나오고 성적이 좋다 보니 좋은 회사에 취직하기도 쉬웠다. 그리고 입사한 후에도 힘든 영업부서보다는 상대적으로 일하기 쉬운 본사의 지원부서 등에서 볼펜만 굴리는 경우가 많았다. 그래서 그럭저럭 생활하다가 때가 되면 은퇴하는 매너리즘에 빠지는 것이다. 솔직히 이런 사람들은 부자의 문턱에도 가보지 못하고 그저 중산층에 안주하는 데서 끝나버리는 경우가 대부분이다.

반면 학창 시절에는 두각을 나타내지 못했지만 사회에 나와 성공한 사람들은 비록 영어 단어 외우는 것에는 서툴고 수학 공식 암기하는 것을 힘들어했지만, 사회에 나와서 하는 '돈 공부'에는 모두 우등생이다. 그들은 과거 학교에서 배운 낡은 지식에 안주하지 않고, 새로운 지식과 새로운 기회를 찾아 꾸준히 노력했던 것이다. 그 결과 부자의 대열에 합류할 수 있었다.

매사 창의성을 발휘해야 한다

과거 학창 시절을 기억해보면, 공부 잘하는 우등생에는 두 부류가 있었던 것 같다. 한 부류는 밤이나 낮이나 책을 끼고 살고, 잠깐이라도 빈둥거리는 시간을 두는 것은 죄악이라고 생각하는 매우 성실한 유형이었다. 또 한 부류는 성적은 성실한 유형들만큼 좋은데, 놀 때는 함께 놀고 다소 문제아들처럼 보일 만큼 대범하기까지 한 이들이다. 세월이 지나서 보면 경제적으로 성공할 확률은 후자가 더 높은 것 같다.

이 차이는 다음의 비유를 통해 알 수 있다.

어느 종갓집에 머슴이 여러 명 있었다. 다른 머슴들은 새벽부터 밤 늦게까지 열심히 일하는데, 유독 한 머슴만 하루 종일 아무 일도 안 하면서 빈둥대고 있었다. 그런데도 종갓집 주인은 이 머슴을 전혀 야단치지 않았다. 상황이 이렇다 보니 다른 머슴들의 불만이 커질 수밖에 없었다.

어느 날, 빈둥대던 머슴이 주인에게 귀띔을 했다.

"한 달 내로 장안에 있는 나막신을 모두 사 모으세요."

그해 여름 대홍수가 나서 나막신 품귀 현상이 빚어지는 바람에 주인은 큰돈을 벌 수 있었다. 그 머슴은 단순히 빈둥거리며 하늘만 쳐다본 게 아니라, 구름과 바람의 방향을 보고, 벌레의 울음과 동물들의 움직임 등을 통해 홍수가 다가올 것을 예측했던 것이다.

이제는 막연히 성실하고, 열심히 하는 것만으로는 21세기의 지식사회에서 진정한 승자가 될 수 없다. 21세기는 창의적인 능력이 뛰어난 사람들의 무대이자 세상이 되고 있다.

요즘의 어린이들 중 천재 같은 아이들이 종종 보인다. 그들의 부모는 자신의 아이가 천재적인 기질을 가졌다고 좋아하지만 어느 시점에 가서는 그냥 평범한 아이였을 뿐임을 깨닫게 된다. 그것은 그 아이들이 단순히 암기력이 뛰어난 천재들이기 때문이다.

우리가 뉴스나 주위에서 보아왔던 천재 아이들도 대부분 암기력이 뛰어날 뿐이었다. 그러나 암기력만으로 성공할 수 없다. 성공하기 위해서는 다른 사람들과 같이 똑같은 현상을 보면서도 뭔가 다른 것을 관찰해내는 능력, 바로 창의력이 있어야 한다.

🔑 창의적인 사고법의 기본

창의적인 사고법의 기본은 발상의 전환이라고 할 수 있다. 몇 가지 사례를 살펴보자.

몇 년 전 국내 굴지의 모 그룹 미국 지사에서 있었던 일이다. 이 회사의 미국 지사장은 성격이 다소 괴팍해 가끔 엉뚱한 해프닝을 벌이는 것으로 소문이 자자했다. 이 지사장은 평소 사원들이 회사에 출근하자마자 화장실에 가서 신문을 보며 시간을 축내는 것을 몹시 못마땅하게 생각했다. 그래서 하루는 한 사원이 화장실에 간 사실을 알고, 아예 화장실 문을 잠그고 하루 종일 감금 상태로 만들었다고 한다.

그런데 아이러니한 것은, 세계적인 창의력 개발 전문가 찰스 톰슨 박사의 조사에 따르면, 아이디어나 창의적 발상이 가장 잘 떠오르는 장소는 화장실에 있을 때라는 것이다. 화장실에서 아이디어가 잘 떠오른다는 점에 착안해 이를 사업으로 연계한 곳도 있다. 미국의 '헤드라인 USA'라는 광고 회사는 공중 화장실에 들어앉아 볼일을 보느라고 꼼짝 못하는 사람들을 위해 화장실에 광고지를 놓아두는 전략적 광고를 하고 있다. 이 회사 창립자는 어떤 식당 화장실에 걸려 있는 신문을 읽다가 '화장실이 광고매체다'라는 영감을 얻어 이 사업을 시작했다고 한다.

과거 아메리칸항공은 수익률이 매우 낮은 회사였다. 어느 날 아메리칸항공의 사장은 "우리의 당면 과제는 공석을 메우는 일이다"라며 갑자기 발상을 바꾸었다. 이 덕분에 아메리칸항공은 빈자리를 메우는 일뿐만 아니라 모든 항공편의 좌석 예약 그리고 호텔, 극장, 레스토랑, 선박, 렌터카, 서비스 시설 등의 예약까지도 취급하는 정보 서비스 회사로 발전함으로써 세계 유수의 고수익 기업으로 성장하였다.

머리가 나쁘면 손발이 고생한다는 개그가 유행한 적이 있다. 그런데 이는 사실이다. 21세기는 양보다 질을, 고정화된 매뉴얼보다는 창의성을, 일률적 생각보다는 독창적인 생각을 요구하고 있다. 새로운 시대

의 지식형 인간은 단순한 지식의 창고로서만이 아니라, 그 지식을 재
창조해내고, 재가공하는 능력인 창의력이 요구된다.

지식을 행동으로 옮겨라

지식사회, 지식경영 시대에서는 당연히 지식이 돈을 만들어낸다. 컴퓨터 운영체제인 윈도우 시리즈 하나로 세계 최고의 부호가 된 빌 게이츠, 삼성의 반도체 신화를 일구며 100억 원 이상의 보수를 받았던 진대제 전 정보통신부 장관, 『먼나라 이웃나라』라는 교양만화 시리즈로 500만 권 이상의 판매 부수를 올린 이원복 교수 등은 부자가 되는 데에서 지식의 위력을 보여준 좋은 사례다. 이런 유명 인물이 아니더라도 주식이나 부동산을 공부하여 그리 많지 않은 종잣돈으로 상당한 부를 쌓은 사람을 우리는 주변에서 어렵지 않게 발견할 수 있다.

지식이 지식으로서만 머문다면 돈이 되지 않는다. 지식은 행동과 결합되어야 한다. 도미니카에 있는 한 모자 공장의 매출은 미국 NBA와 밀접한 관계가 있다고 한다. NBA 결승전에서 누가 우승하느냐에 따라 모자에 붙는 라벨이 달라진다. 만약 LA레이커스가 우승했다면 다음

날 미국의 상점에는 LA레이커스 라벨이 붙은 모자가 진열대를 차지한다. 모자 공장의 직원들은 NBA 결승전 때 두 팀의 라벨을 미리 준비해두고 결과를 유심히 지켜본다. 사실, 결승전에서 누가 우승했느냐를 아는 것은 그냥 지식일 뿐이다. 아니, 지식 차원보다 낮은 일상적인 정보일 뿐이다. 문제는 이런 지식이 행동과 결합해 큰 부를 창출해낸다는 사실이다. 실제로 이 모자 공장은 하루에만 1천만 달러의 매출을 기록하기도 했다.

지식과 행동의 접목은 중요하다. 이를 소홀히 생각해 낭패를 본 경우는 허다하다. 1904년 러일전쟁 당시 러시아군은 만주 벌판에서 추위와 굶주림으로 일본군에게 처절한 패배를 당했다. 승리한 일본군은 러시아 진영을 둘러보면서 깜짝 놀랐다. 러시아 진영의 창고에서 대량의 콩을 발견한 것이다. 만일 러시아군이 콩으로 두부 등을 만들어내는 지식을 갖고 있었다면 전쟁의 결과는 어떻게 됐을지 모를 일이다.

🔑 지식이 돈이다

지식사회에서 분명한 것은 지식이 돈이 된다는 사실이다. 몇 년 전 코스닥 시장에서 벤처와 닷컴기업 바람의 선두 역할을 했던 한 인터넷 회사의 사업 아이디어 핵심은 '광고를 보면 돈을 준다'는 단순한 콘셉트였다. 이런 개념은 그전에도 있었다. 광고를 들으면 무료 통화를 할 수 있는 유선전화 서비스도 있었고, 제품 설명회를 들으며 무료 시식을 하는 판촉회도 있었다. 성공의 키포인트는 광고에 의도적으로 자신을 노출시키는 개인들에게 기업이 보상해줄 수 있다는 지식을 인터넷과 접목시켜 새로운 비즈니스 모델로 만들었다는 점이다.

지식은 어떻게 하면 돈이 되게 할까를 끊임없이 연구하는 사람들에게 새로운 지식 창출을 가능하게 한다. 신속하게 대응하고 행동하는 지식, 이것이야말로 부자가 되기 위해 지금 당신이 해결해야 할 제1의 과제다.

한 헤드헌터가 이런 이야기를 해준 적이 있다. 업체에 방문해서 구인정보를 오후 6시쯤 입수했다고 할 때 두 종류의 헤드헌터로 나눠진다고 한다. 퇴근 시간이 되었기에 사무실로 들어가지 않고 곧장 퇴근하는 헤드헌터와 바로 사무실로 들어가 작업하는 헤드헌터!

전자의 경우, 요즘의 헤드헌팅업계에서는 성공하기 어렵다는 것이다. 성실함과 그렇지 않음의 문제라기보다는 속도의 문제 때문이다. 지식이 돈이 되면서 이제는 속도전 양상이 되었다. 특히 인터넷통신에 따른 정보 인프라를 통해 지식은 누구에게나 평등하게 열려 있다. 정보화 시대에서는 지식을 얻어내는 것을 넘어, 그 얻은 지식을 얼마나 빠른 속도로 실천하느냐 하는 것이 더 중요하다.

미래 사회를 주도하고 있는 마이크로소프트의 빌 게이츠, 소프트뱅크의 손정의, 야후의 제리 양, 아마존의 제프 베조스 등등은 모두 정보화사회의 첨단 분야를 잽싸게 꿰차고 먼저 달려나간 사람들이다. 이들의 가장 핵심적인 공통점은 경제적으로 성공했다는 점이다. 이들이 가진 모든 인간적 미덕은 사실 금전적 성공이라는 최종적인 결과 때문에 더욱 빛나는 것이다. 아무리 창의적이고 기가 막힌 아이디어를 갖고 있고, 뛰어난 인간성을 보이는 사람일지라도 성공이라는 마지막 잣대에서 빗나가면 디지털 시대의 '엘리트' 반열에 오를 수 없다. 이들은 자신이 가진 지식을 최대한 빨리 금전적인 상황으로 전환시킨 사람들이다.

Chapter 9

사람에게 투자하라

부와 명성은 인맥의 산물이다

현대사회에서 독불장군이란 있을 수 없다. 흔히 젊은 사람들 중에는 자신의 실력이 중요하지, 인간관계로 표현되는 인맥은 성공의 핵심 요소가 아니라고 생각하는 경우가 있다. 그러나 이것은 인맥을 다소 왜곡해서 이해한 것이다.

흔히 갓 대학을 졸업한 사람들에게 자신의 이미지관리를 잘하라고 하면 거부 반응을 보이는 경우가 있다. "나는 나일 뿐, 왜 내가 다른 사람에게까지 잘 보이려고 노력해야 하는가?" 또는 "실력으로 승부해야지, 치사하게 이미지관리를 해서 성공하려고 하다니!" 하고 말이다.

하지만 역으로 생각해보라. 요즘 같은 인터넷 시대에 휴먼 네트워크를 형성하지 못한다면 자신이 실력이 있다는 사실을 누가 알아줄 것이란 말인가?

사실, 개인의 실력이란 겉으로 드러난 학위나 이력서에 쓰는 경력

외에는 파악하기가 어렵다. 예를 들어 리더십, 창의성, 도전적인 의식 등 이런 것들은 자격증이 따로 있는 것도 아니기에 결국 겪어본 사람들만이 경험에 의해 판단할 수 있는 것이다. 이런 면에서 자신의 능력을 알아줄 자신만의 인맥은 반드시 필요하다.

스스로 노력해서 부자가 된 사람들은 모두 인맥의 달인들이다. 특히 한국 사회에서는 더더욱 그러하다. 한국 사회에서 인맥은 우리 생활 전반에 종과 횡으로 연결돼 있다. 한국 사회의 이러한 속성을 이해하지 못하는 한, 한국 부자들의 속성에 대한 이해도 제대로 할 수 없다.

부자들의 공통점들을 찾아보면, 그들은 적어도 인간관계에서만큼은 남들보다 우월한 어떤 자기만의 노하우를 갖고 있다. 우리는 이러한 노하우를 배울 필요가 있다.

사람들이 간절히 원하는 부와 명성은 인맥의 부산물이라고도 할 수 있다. 인맥은 뿌린 만큼 거두는 자연법칙을 따른다. 사람은 요람에서 무덤까지 '인간관계' 속에서 산다. 인생은 여행이다. 인맥은 그 여행길에서 각자가 선택해야 할 가장 중요한 문제다. 사람은 인맥을 통해 각자가 이 지상에 살다 간 자국을 남긴다. 그래서 열린 마음으로 남을 포용하는 자세야말로 자신의 소중한 인맥을 만드는 지름길이다.

자신의 인맥 정도는 연말이 가까워오면 걸려오는 전화에 따라 파악할 수 있다. 동문 모임, 직장 동료 모임, 부부 모임 등을 알려오는 메시지는 내 '인맥'의 질과 양을 가늠케 해주는 것들이다.

우리 사회의 '인맥 만들기'는 차라리 본능에 가깝다. 인터넷에선 출신 학교 친구 찾기 사이트가 인기이고, 텔레비전에선 간간이 친구나 스승, 첫사랑을 찾는 프로그램을 방영한다. 미팅 자리에서도 출신 학교와 살던 동네까지 들춰가며 인맥을 찾는다. 정말 세 다리만 건너면 대통령까지 닿을 정도의 인맥 중심 사회다.

직장생활에는 반드시 이 인맥이 필요하다. 인맥을 통해 정보를 얻거나 시야를 넓히고, 때로는 자신에 대한 동기부여를 받을 수 있기 때문이다.

두 가지 인맥을 모두 관리하라

인맥은 크게 두 가지로 분류할 수 있다. 하나는 부여받은 인맥이고, 다른 하나는 만들어나가는 인맥이다.

🔑 부여받은 인맥

부여받은 인맥이란 우리 의지와 상관없이 이루어지는 인맥으로 혈연, 지연이 대표적이다. 우리는 태어날 때 부모님을 선택할 수도 없고 지역을 선택해서 태어날 수도 없다. 어느 가족의 구성원이 된다는 것은 우리 의지와는 전혀 관계없이 이루어지는 것이다. 또한 경상도 사람이라든지 전라도 사람이라든지 하는 지역도 나의 의지와는 전혀 관계없이 이루어진다.

그래서 부여받은 인맥은 내가 태어남과 동시에 자연적으로 형성되는 것이다. 예를 들어 나는 '아버지의 아들'로 태어났고 '할아버지의 손자'로 태어났으며 '서울 사람'으로 태어났다는 식이다.

부여받은 인맥 중에서 가장 기본적인 것은 혈연이다. 이 혈연은 다시 '피가 섞인 그룹'과 배우자, 이모부, 고모부 등 '나와 피가 섞이지 않은 그룹'으로 나뉜다.

나와 배우자와의 관계는 몸은 섞였을지언정 피는 섞이지 않았다. 그래서 촌수도 0촌이다. 사이가 좋을 때는 이 세상 그 누구보다도 가까운 0촌이다. 하루 중 많은 시간을 같이 보내고 도움이 필요할 때 가장 먼저 도와줄 사람이 배우자다. 또한 한 가정을 이루고 있는 핵심적인 관계여서 본인의 성공과 실패가 반영되는 일심동체라 할 수 있다. 그래서 나의 성공을 그 누구보다도 빌어주고 또 큰 힘이 되어주려고 노력하는 관계다.

하지만 사이가 틀어져서 갈라서기라도 하게 되면 바로 남남이 되는 0촌이다. 우리나라의 이혼율은 OECD 국가 중에서도 현저히 높은 편이다. 2003년 통계청 발표에 따르면 이혼 건수는 14만 5,300건으로 전년보다 1만 300건이나 늘었고 하루 평균 398쌍 꼴로 이혼하고 있다고 한다. 하루 평균 결혼하는 쌍이 840쌍 정도가 되니, 결혼하는 쌍의 절반 가까이가 이혼을 하는 셈이다.

🔑 만들어나가는 인맥

만들어나가는 인맥은 나의 선택과 행동 여하에 따라 형성되고 발전해나간다.

　내가 해병대를 지원한다면 나는 해병대의 구성원으로서 인맥을 갖게 되고, 교회를 다닌다면 교회의 구성원으로서 인맥을 갖게 되는 것이다. 내가 고려대학교에 입학했다면 고려대학교의 인맥을 가지게 되고, 부산대학교에 입학했다면 부산대학교의 인맥을 가지게 되는 것이다. 또한 내가 삼성전자에 입사했다면 삼성전자의 인맥을 형성할 수 있게 되고, 현대건설에 입사했다면 현대건설의 인맥을 형성하게 된다.

　고등학교까지는 대부분 집에서 가까운 학교를 배정받는다. 물론 경우에 따라서는 자립형 사립고나 특목고를 지원하는 경우도 있을 것이다. 이때 자신이 원해서 선택한 학교라면 이때의 고등학교 인맥도 만들어나가는 인맥에 포함될 것이다.

　우리는 이 두 가지 인맥을 필연적으로 가지고 살아가는 만큼 어느 쪽이든 간에 소홀히 해선 안 된다. 인맥이 인생의 자산임을 명심하고 또 명심하라.

인맥을 위해 실력을 갖추어야 한다

인맥을 활용한다는 것은 단순히 인맥으로 모든 것을 해결하기 위함이 아니다. 인맥을 활용하기 전에 먼저 갖추어야 할 것은 실력이다. 실력이 전제되지 않은 인맥 활용은 그저 무데뽀로 밀어붙이는 시정잡배들이나 하는 짓이 될 공산이 크다. 실력과 인맥이 합쳐져야만 엄청난 시너지 효과를 기대할 수 있다.

지금 하는 일에 전문가가 되라

회사원이라면 무조건 자신이 하고 있는 일에 대한 전문적인 지식을 가지고 있어야 한다. 또한 그 업계의 동향을 파악하여 트렌드의 변화에도 민감하게 대응할 수 있어야 한다. 만일 현재의 직책이 평사원이라면 대리의 수준으로 끌어올려야 하며, 대리라면 과장, 과장이라면 차장, 차장이라면 부장의 수준까지 끌어올려야 한다.

현재의 직급에 만족하지 말고 지금보다 한 직급 위의 입장까지 생각해서 그 수준까지 실력을 높여 전문가 소리를 들어야 한다. 고급 간부가 되어서는 당연히 그 업종에서 전문가 소리를 들어야 한다. 그렇게 전문가 소리를 들어야 당신 몸값도 올라가는 법이다.

자영업을 하는 사람이라면 일단 자신이 종사하는 사업체를 초석 위에 반듯하게 올려놓아야 한다. 조그만 분식집을 경영하더라도 이 분식집을 특화시켜 특색 있는 분식집으로 키워야 한다. 현재 자신이 몸담고 있는 사업체를 키운다는 것은 그 방면의 전문가가 된다는 뜻이며, 이렇게 전문가의 반열에 오를 수준이 되어야 본인이 인맥의 중심으로 자리 잡을 수 있다.

그리고 전문가가 되고 나면 본인이 원하지 않더라도 인맥은 저절로 확장되게 마련이다. 당신이 찾아가서 만나는 인맥뿐만 아니라 당신을 찾아오는 인맥까지 더해져서 인맥은 기하급수적으로 늘어나게 되는 것이다.

🔑 CEO를 꿈꾸고 실력을 쌓은 원철우 전 듀폰코리아 사장

CEO를 꿈꾸고 차근차근히 실력을 쌓아 마침내 소망하던 목표를 이룬 사람이 있다. 바로 원철우 전 듀폰코리아 사장이다.

원 전 사장은 대학을 졸업한 후 대우상사에 입사하였으나 4년 만에 사표를 냈다. 남들은 그런 그를 이해하지 못했다. 왜냐하면 그가 다니던 대우상사는 당시 직장인이라면 누구나 선망하는 곳이었기 때문이다. 다들 그 회사에 다니지 못해 안달인데 사표를 내다니, 굴러온 복을 발로 차는 격이라고 주위에서 수군거렸다. 그러나 그의 마음속에는 커다란 야심이 꿈틀거리고 있었다. 사업을 하겠다는 당찬 포부였으니, 즉 CEO를 꿈꾸고 있었다.

뜻이 있으면 길이 있는 법. 그런 그에게 전 직장 동료가 한 회사를 소개해주었다. 신생 외국계 회사였다. 그는 고심 끝에 그 회사에 입사하기로 마음먹었다. 이유는 무엇보다 그곳에서 자신의 야망을 이룰 수 있겠다는 가능성을 느꼈기 때문이다. 그 회사가 듀폰코리아로, 세계적인 화학제품을 만드는 회사였다.

듀폰코리아의 17번째 사원으로 출발한 그는 CEO가 되기 위해 반드시 거쳐야 할 첫 번째 과정으로 영업 마스터를 선택했다. 그가 영업을 마스터하기로 한 것은 영업이 곧 기업의 핵심이며, 영업을 모르고서는 유능한 CEO가 될 수 없다고 판단했기 때문이다. 또한 영업부는 CEO가 가장 애착을 갖는 부서이기도 했다.

병원에서 사용하는 엑스레이용 필름제품을 취급했기에 병원을 상대로 영업하다가 동창들을 만나 자존심 상하는 소리를 여러 번 들었으나 개의치 않고 영업맨의 마인드를 축척해갔다.

그 후 전자제품 판매를 맡았을 때는 구매 대상인 중소기업을 찾아다니면서 영업에 몰두하였다. 영업 대상 업체 리스트에 있는 생면부지의 사람들에게 전화를 걸어, 약속을 잡고, 무작정 찾아다니는 일은 누구에게도 신 나는 일은 아니었다. 그러나 그는 CEO가 되려는 꿈이 있었기에 모든 것을 감내했다.

그는 '3년은 열심히 해보자'고 작심하고는 부지런히 돌아다니며 영업 노하우를 익혀나갔다. 그는 6년 만에 능력을 인정받아 17명의 부하를 거느리는 팀장이 되었다. 자신이 원하는 대로 영업을 마스터한 것이다.

열심히 일하는 사람에게는 기회가 찾아오는 법이다. 반도체 사업 계획을 갖고 있던 듀폰에서 한국에 포토마스크 공장을 설립하기 위해 한국 직원들을 교육시킬 계획을 세우고 있었다. 실력을 키워온 그에게 그 실력을 발휘할 기회가 찾아온 것이다.

1989년 미국 본사로 발령받은 그는 1년 6개월 동안 현지 공장의 현장 시스템을 열심히 공부했다. 그것 역시 그에게는 CEO가 되기 위한 과정이었다.

원 전 사장은 미국 현지 공장에 근무하면서 생산라인에 직접 참여함은 물론 공장 운영에 대한 노하우를 익혔다. 제조의 전 과정은 물론 공장 업무 전반에 대한 지식은 앞으로 그 업무에 종사하는 직원들을 통솔하는 데 필요한 것이었기 때문이다. '알아야 면장을 한다'는 옛말처럼 실력이 없으면 기술자를 제대로 통솔할 수 없기 때문이다.

그 후 한국에 공장이 설립되면서 그는 한국으로 발령받았고, 전임 미국인 책임자가 본국으로 돌아가면서 마침내 공장장에 취임했다. 이제 그는 자신이 꿈꾸던 CEO의 문턱에 올라선 것이다.

그는 공장장으로 일하면서 그동안 축적한 현장 노하우를 유감없이 발휘하였고, 그 실력이 자연히 인맥들을 끌어들였다. CEO 자리로 가는 시간이 단축되었음은 물론이다.

인맥을 넓히는 가장 쉬운 방법, 감사하라

성공한 사람은 대부분 인맥이 넓다. 부장은 부장 수준의 인맥, 사장은 사장 수준의 인맥을 보유하고 있다. 아랫사람은 이 점을 꼭 명심할 필요가 있다. 특히 윗사람들과 사귄다는 것은 풍부하고 넓은 인맥의 바다로 나아가는 것과 같다.

직장에서 확실한 위치를 잡기 위해서는, 그리고 먼저 경험한 사람들의 풍부한 노하우와 인맥을 이어받기 위해서는 상사와의 인간적인 유대를 넓히는 것이 중요하다. 이는 자신을 실험하는 좋은 기회이기도 하다. 그 실험에 성공하면 다른 많은 기회에 도전할 자격이 생긴다. 윗사람들과의 교재에 능한 사람이 결국 인맥관리에서도 성공을 거두는 것이다.

비슷한 사람들끼리 어울린다는 '유유상종'이라는 말을 다시 생각해보면, 내가 어떤 사람들을 만나느냐에 따라 내가 달라질 수 있다는 의

미도 된다. 내가 가지지 못한 부분, 나보다 한 단계 높게 생각되는 사람들과의 교류를 빈번히 하다 보면 나 스스로도 업그레이드될 수 있는 것이다. '저 사람은 나와는 뭔가 달라', '나와는 절대 어울릴 수 없어. 내가 어찌 감히?' 등등 이런 생각을 하다 보면 절대로 나보다 뛰어난 사람을 사귈 수 없다.

그냥 자연스럽게 한번 어울려보라. 그리고 그들의 방식을 벤치마킹 하라.

🔑 감사할 줄 안다

부자가 된 사람들은 누군가에게 무엇을 받으면 꼭 그 고마움을 전한다. 그 물건이 값나가는 것이든 그렇지 않든 보내는 사람의 성의를 생각해서 꼭 예의를 표한다.

사실, 물건을 보낸 사람은 그 물건이 잘 도착했는지 아니면 중간에 분실 사고라도 났는지 알 도리가 없다. 그럴 때 잘 받았다는 소식 한 통은 오히려 선물을 보낸 사람을 감동하게 만든다. 따라서 인맥을 만들고자 한다면 무엇이든 상관없다. 받았으면 당연히 받았다고 전화를 하고 감사를 표해야 한다. 감사할 줄 모르는 사람은 그 누구도 좋아하지 않는다.

물건을 보냈는데 제대로 받았다는 전화 한 통화 오지 않으면 보낸 사람은 극단적으로 '아, 내가 쓸데없는 짓을 했구나' 하고 생각할 수도 있다. 또한 선물을 보내거나 받더라도 그 선물이 행여 뇌물로 비쳐져서는 곤란하다.

다케다 사장은 현재 일본에서 100개가 넘는 상장 기업의 대주주이자 일본 제일의 투자자로 알려져 있다. 다케다 사장이 부자가 된 것은 '다마고 보로'라는 과자 때문이다.

최고의 과자 '다마고 보로'를 만들기 위해 다케다 사장은 공장에서 일하는 직원들이 과자를 향해 "감사합니다"라고 말하게 했다.

우습게 들릴지 모르나 화가 났을 때 뿜어내는 숨을 봉지에 담아 그 속에 모기를 넣으면 금방 죽는다고 한다. 반면에 싱글벙글 웃을 때 나오는 숨에서는 죽지 않고 오래 산다. 이러한 이야기에 착안한 것이다.

"앞으로는 제품 못지않게 제품을 만드는 사람의 행복 수준을 중시하는 시대가 올 것입니다. 만드는 사람의 심리적 파동이 물건으로 이동하기 때문입니다. 하루에 3천 번씩 '감사합니다'라는 말을 해보세요. 그러면 인생이 바뀔 것입니다."

다케다 사장의 말이다. 그는 "감사합니다"를 잘 실천하는 직원에게 물질적 포상도 아끼지 않았다. 재료를 사용할 때도 최고의 유정란을 고집하는 것 외에 '감사'로 최고의 제품을 고집한 것이다.

그렇게 해서 100만 번의 감사를 받고 나온 '다마고 보로' 과자는 신기하게도 불티나게 팔렸다. 기계가 만들어내는 과자이지만 평범한 계란 과자를 인기 있는 '다마고 보로' 과자로 만든 것은 바로 '감사하는 사람의 마음'이었다.

이익이 되는 사람을 만나라

'부자가 되려면 부자에게 점심을 사라.'

이는 영국 속담이다. 만약 당신이 이 책을 읽고 있다면 부자가 되기 위해 부단히 노력하고 있거나 부자가 되기를 원하는 상황일 것이다.

부자가 되는 방법은 여러 가지가 있을 것이나 그 방법을 실현하는 첫걸음은 바로 부자를 많이 만나야 한다는 것이고, 부자와의 인맥을 형성해야 한다는 것이다. 그렇다면 어떻게 부자를 만날 수 있으며 부자와 친분관계를 맺을 수 있을까?

먼저 부자와 만날 수 있는 환경에 자신을 노출시키고, 그다음 자신의 재능과 정직성과 성실성을 부자들에게 보여줘야 한다. 그러면 부자들은 당신에게 부자의 기운을 공유해줄 것이다. 현재 부자를 만나기가 어렵다면 부자가 될 가능성이 있는 사람이나, 부자를 만들어줄 사람을 찾아서 만나야 한다.

록펠러는 사람관리에 뛰어난 자질이 있었다. 록펠러는 경쟁사에 대해서는 잔혹할 정도로 무자비했지만, 자사 직원들에게는 아버지와 같은 존재였다. 그는 스탠더드오일 초기 시절만 해도 입사를 지원한 사람은 모두 면담했고, 이름을 기억했다. 그의 말이 법이나 다름없었던 임원회의에서 그는 반드시 상석이 아니라 테이블 중간에 앉았다.

한편, 카네기는 자신이 남보다 재능이 뛰어나기보다는, 뛰어난 사람을 발굴하는 데 소질이 있다는 사실에 자부심을 가졌다. 그래서 그는 이렇게 말하기도 했다.

"나는 증기기관에 대해서 아무런 지식도 없다. 그러나 나는 그보다도 훨씬 복잡한 기계인 인간을 알려고 노력했다."

업무상 만난 사람도 꾸준히 관리할 필요가 있다. 인맥관리의 핵심은 직업상 만난 사람이라도 꾸준히 관리하는 것이다.

자신의 인적 네트워크를 효과적으로 유지하는 비결은 우선 상대와의 만남에서 그의 특징적인 면을 찾아낸 다음 그것을 오래도록 기억하는 것이다. 특징적인 게 잘 드러나지 않을 경우에는 대화 속에서 기억할 만한 것을 끄집어내면 된다. 자신에 대한 것을 기억하고 있다는 사실 하나만으로도 상대방은 호감을 보일 가능성이 높다. 자신의 기억력을 믿을 수 없다면, 처음 만날 때 교환한 명함 뒤에 기억해둘 단어를 메모해두는 것도 좋다. 나이가 비슷한 경우라면 상대방 주소를 자신의 이메일 리스트에 등록해놓고 흥미 있는 이야깃거리를 보내주는 것도 관계를 유지하는 데 도움될 수 있다. 좋은 관계를 유지해야겠다는 판단이 서는 사람이라면 거르지 않고 연하장이나 크리스마스카드를 보내는 것도 좋다.

물론 이렇게 만나고 관계를 유지해나가는 사람들을 통해 곧바로 어떤 결과가 나타나지는 않는다. 그러나 자연스러운 관계를 통해 업무상 필요한 정보를 얻을 수 있고, 또 다른 사람들을 소개받는 경우도 많다. 이런 관계 속에서 뜻하지 않는 수확을 얻을 때가 반드시 올 것이다.

전문지식을 공유하는 온라인 포럼이나 스터디 모음을 적극적으로 활용하면 업계 동향 정보를 얻는 것은 물론, 인맥을 넓히는 데도 많은 도움이 된다. 요즘처럼 인터넷 커뮤니티를 통한 움직임이 활발한 시기에 이를 제대로 활용하지 못한다면 다 잡은 먹이를 놓치는 것과 같다. 다만, 인맥을 넓힌다면서 자신의 시간이나 자본을 무리하게 과잉 투자해서는 안 된다. 인맥의 구축과 활용은 그 자체가 목적이 아니라, 다양한 정보 교류와 효과적 업무 수행에 도움을 얻기 위한 것이라고 생각해야 한다.

사람들이 스스로 찾아오게 하라

성공한 부자들은 사람들이 자신을 찾아오게끔 하는 능력을 발휘한다. 인맥관리를 성공적으로 하기 위해서는 내가 찾아다니는 것도 중요하지만, 사람들이 자신을 찾아오도록 해야 할 필요도 있다. 그렇게 하기 위해서는 먼저 자기 그릇을 키워야 한다. 당연한 말이지만 그릇이 커야 많은 것을 담을 수 있고, 많은 것이 담겨 있어야 사람들이 찾는다. 만약 그릇이 똑같은 크기라면 물을 담든 우유를 담든 양에는 한계가 있다. 작은 그릇에 담을 수 있는 물의 양은 그릇이 넓든 깊든 간에 적은 법이다.

사람들이 일부러 다른 사람을 찾는 이유는 몇 가지가 있다. 핵심은 목적이 있어야 다른 사람을 찾는다는 것이다. 그 목적이란 이익, 재미, 관계 형성 등이다. 만약 어떤 사람이 그 사람을 만나서 '이익'이 있다고 생각하면 그 사람을 찾게 된다. 왜냐하면 사람들은 자기에게 돈이나 이익이 된다고 생각하는 쪽으로 움직이기 때문이다. 만약 나를 만나서 뭔가 이익이 있다고 판단한다면 사람들은 내 쪽으로 찾아오게 된다. 꼭 금전적인 부분이 아니더라도, 내가 인맥이 넓다고 사람들이 생각한다면, 나와 관계를 맺고자 하는 이들이 많아진다.

열 사람을 새로 만나 인맥을 쌓는 것보다는 백 명의 인맥을 가진 한 사람과의 관계 형성을 잘해두는 것이 더 낫다. '왜 내 주위에는 사람들이 없을까?'를 생각하지 말고, 스스로 자신의 가치를 높이기 위해 노력해야 한다. 그리고 그 가치 기준은 사람들에게 이익이 되는 관점으로 보아야 한다.

사람들이 누군가를 찾아오는 또 다른 이유는 '재미' 때문이다. 어떤 사람과 만나는 것이 재미있고 편하다면 또 찾게 된다. 잘 생각해보면 조직에서 인기가 좋은 사람은 파워가 있는 사람일 수도 있지만, 궁극적으로 마음을 터놓을 수 있는 편한 상대다. 뭔가 꼬장꼬장하고 따지기 좋아하는 사람은 인기가 없다.

재미와 흥미의 체험은 사람들을 몰려들게 만든다. 프로야구와 프로축구를 살펴보면 박빙의 승부나 재미를 많이 주는 팀 경기 때 관중이 모여드는 것을 알 수 있다. 그것이 결승전이거나 챔피언 결정전일 때 더 그렇다. 그런데 꼴찌이면서도 관중을 많이 몰고 다니는 팀이 있는 것은, 승부 결과에 관계없이 사람들이 재미를 느끼기 때문이다. 인간 관계에서도 마찬가지다. 어떤 사람이 재미를 주고 흥미를 일으키면 사람들은 찾아온다.

사람을 찾아오게 하는 또 하나의 변수는 '관계 형성'이다. 뭔가 연결되는 구석이 있다고 하면 사람들은 찾아온다. 혈연, 지연, 학연, 조직 등의 관계를 갖게 되면 사람들은 그에 따라 움직인다.

처음 가게를 오픈하면 찾아오는 대부분의 사람은 가족, 친지, 그리고 가까운 친구다. 그들은 꼭 필요하지 않아도 한두 가지씩 물건들을 구입한다.

결혼식장이나 장례식장에 가면 관계의 힘이 얼마나 대단한 것인지 경험하게 된다. 대부분의 사람이 봉투 하나씩 들고서 정장 차림으로 찾아온다. 의례적인 인사와 축하, 격려가 오간다. 매우 형식적이라고 생각하면서도 사람들은 그렇게 행동한다.

인정하고 싶지 않지만 대부분의 조직에는 파벌이 존재한다. 정치는 말할 것도 없고, 가장 효율적인 의사결정이 이루어져야 할 비즈니스 세계에서도 파벌은 존재한다. 그래서 자기 라인에 속한 사람을 우선적으로 배려한다.

길거리에서 우연히 만난 사람도 고향이 같으면 왠지 동질감을 느끼면서 쉽게 마음을 연다. 가끔은 자기 몫을 나누어주기도 한다.

이것이 관계의 힘이다. 관계는 사람들을 움직인다. 이런 것들이 조합되어 습관적으로 당신을 찾아오게 해야 한다.

여기서 주의해야 할 것이 있다. 당신의 조직적인 배경이나 몸담고 있는 회사를 보고 사람들이 찾아온다면 그것은 단기적이라고 할 수 있다. 그렇게 당신을 찾는 사람들은 당신이 회사를 그만두면 거의 사라질 것이다. 자주 연락하는 거래 라인도 당신이 다른 일을 하게 되면 멀어지게 마련이다. 그러므로 돈이 되는 사람이라고 생각되면 거래 라인으로 찾아올 때라도 인간적인 관계를 형성해두는 것이 좋다. 이것은 중요하다. 회사를 통해 알게 된 사람이라도 영향력 있는 사람이라고 생각되면 당신의 브랜드 가치를 최대한 홍보해두는 것이 좋다. 당신을 만나면 잠재적으로 이익이 될 수 있다는 것을 은연중에 알릴 필요가 있다.

경력관리 측면에서도 인적 네트워크는 매우 중요하다. 탄탄하게 구성되고 잘 관리된 인적 네트워크는 개인의 경력과 실력을 뒷받침해준다. 하지만 거창한 혈연관계나 내세울 만한 학연이 없다고 해서 안타까워할 필요는 전혀 없다. 학연이나 지연에만 너무 매달리다가는 오히려 부작용에 시달릴 수도 있다.

21세기에 필요한 인맥은 줄서기의 관계가 아니라, 공통의 가치관과 관심사를 바탕으로 정서적 교류를 하면서 자기 실력을 업그레이드하는 데 도움이 되는 정보망이어야 한다.

Chapter 10

정보를 잘 활용하라

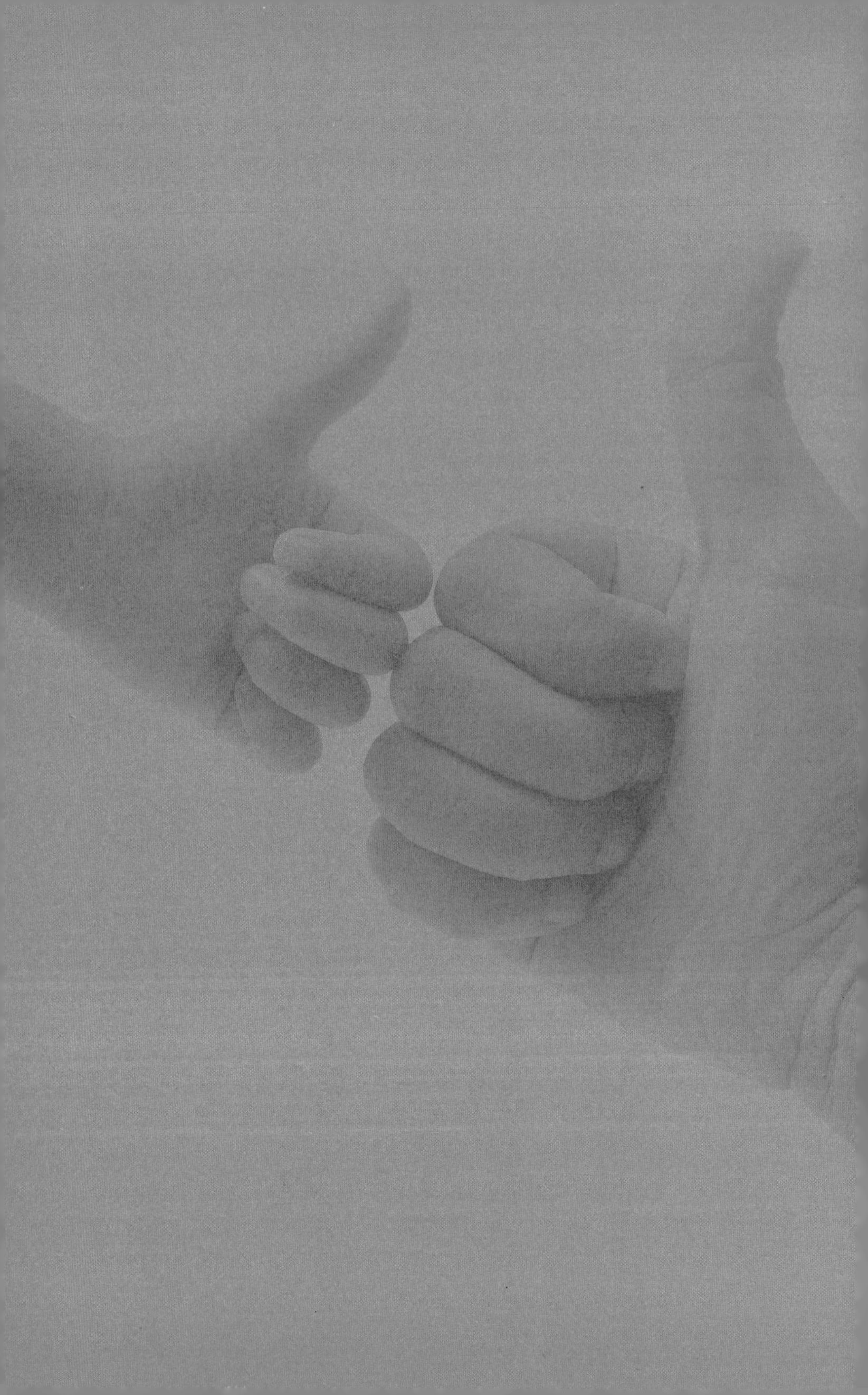

정보가 곧 파워다

정보가 힘이 되는 사회에서 정보가 부의 원천이 되는 시점에 이르렀다. 역사를 살펴보면 더욱 분명해진다.

농업사회에서는 넓은 평야를 가진 중국이나 이집트가 세계를 주도했다. 공업사회에서는 산업혁명을 이끌었던 영국이 세계의 중심에 섰다. 이제 정보사회에서는 정보강국 미국이 세계를 이끌어가고 있다. 정보가 개인은 물론 나라의 힘이 되면서 많은 국가가 정보 수집에 혈안이 되어 있다.

정보사회를 정의하자면 대량의 정보가 급속도로 움직이는 사회, 정보 기술의 보급에 의해 정보 가치가 물질적 가치보다 우위에 서는 사회를 말한다.

얼마 전 미국 정보기관이 세계 각국, 그것도 영국을 비롯한 우방국들의 정상들 전화를 도청하여 정보를 얻으려 했던 사실이 공개되면서 세계적으로 큰 파문을 일으켰다. 이것은 곧 세계가 정보전쟁을 하고 있다는 증거다. 정보가 그만큼 중요해진 것이다.

국가는 국가대로 정보를 얻기 위해서 혈안이 되어 있고, 기업들도 사업에 대한 정보를 얻으려고 밤낮없이 뛰고 있다. 개인도 예외는 아니다. 주식에 투자를 하든 부동산에 투자를 하든, 정보를 먼저 얻는 자가 부자가 되는 길의 선두에서 달리게 된다.

그런데 직장을 다니는 많은 사람이 학교를 졸업하고 난 다음에는 학습하는 일을 자신의 일이라고 생각하지 않는다. 왜냐하면 일상의 일을 처리하는 데도 힘들어할 정도로 일에 치어 살기 때문이다. 그런데 정보가 이처럼 쏟아져 나온다는 사실은 과연 오늘날의 직장인들에게 무엇을 의미할까? 그것은 우리가 특정 조직에 제공할 수 있는 지식이 단순한 정보로 탈바꿈되어서 마구 쏟아져 나온다는 것을 의미한다.

🔑 돈 되는 분야의 정보통이 되어야 한다

이러한 사회적 환경의 변화 속에서 경제적 성공을 꿈꾸는 사람들이 반드시 해야 할 일이 있다. 바로 특정 주제에 대한 전문 지식 및 기술을 갖추고, 일반적으로 잘 알려져 있지 않은 돈 되는 정보들을 적시에 찾아내어 활용할 방법을 배우는 일이다. 부자가 되기 위해서는 돈 되는 분야의 정보통이 되어야 하는 것이다.

몇 년 전, 부산 저축은행이 문을 닫을 때의 일이다. 돈을 많이 저축한 사람들은 그 은행이 BIS 기준 미달로 곧 문을 닫을 것이라는 정보를 입수하고 문을 닫기 전에 저축한 돈을 모두 회수하였다. 그러나 서민들은 그런 정보를 듣지 못했기에 속수무책으로 당했다. 이 사건은 한 개인에게도 정보가 얼마나 중요한지, 또 정보가 곧 돈이라는 사실을 보여주는 좋은 예라 하겠다.

정보는 여러 루트를 통해 얻을 수 있다. 사람을 통해 얻을 수도 있고, 인터넷을 통해 얻을 수도 있고, 신문 혹은 책을 통해 얻을 수도 있다. 재테크 고수들은 대부분 돈 되는 분야의 정보통인 만큼 항상 정보를 찾기 위해 노력한다. 심지어 어떤 사람은 1년에 1백 권에 가까운 책을 읽기도 한다. 공부와는 통 거리가 멀 것 같은 사채업자들도 책을 가까이한다.

공부를 통해 돈 버는 방법을 터득하고, 이미 돈을 번 주변 고수들의 이야기를 들으면서 재테크 비법을 전수받으면 자신도 모르게 어떤 정보가 돈을 벌기에 좋은 정보인지를 알게 된다. 부동산 투자, 주식 투자, 제2금융권 등 주변에 투자할 대상은 널려 있다. 다만, 투자에 위험이 따른다는 것이 문제인데, 그 위험은 공부를 통해, 사람들과의 대화를 통해, 다른 사람들의 경험담을 통해 터득해야 한다.

경제 분야에서 정보를 얻기 위해선 적어도 경제신문 한 가지 이상은 읽어야 한다. 종합지의 경제면도 괜찮다. 그것을 읽음으로써 경제의 흐름을 파악해야 한다.

정보를 갖고 있는가, 없는가는 당신이 속한 조직 내에서 영향력을 발휘할 수 있느냐 없느냐에도 중요한 역할을 한다. 조직에서 정보를 많이 갖고 있는 상사와 그렇지 않은 상사는 부하 직원 통솔에서도 차이가 날 수밖에 없다.

만약 당신이 알지 못하는 정보를 부하 직원이 알고 있는 경우가 많다면 제대로 리더십을 발휘하기가 힘들어진다. 부하 직원의 정보에 의

존해서 업무를 진행하는 상사는 무능력하다는 평가를 받을 수도 있다. 이것은 반대로 이야기하자면 당신이 부하 직원이라면 핵심 정보를 많이 알고 있는 것이 실질적으로 조직 내에서 리더십을 발휘할 기회가 많아진다는 말이 된다.

정보는 곧 파워다. 과거 정보기관이 큰 힘을 발휘한 것은 정보들이 한곳에 집중되었기 때문이다. 요즘 같은 인터넷 시대에서는 정보가 어느 한곳에 집중되어 있지 않다. 따라서 이제는 더 큰 과제가 우리 앞에 놓여 있다. 무수히 많은 정보의 홍수 속에서 어떠한 정보가 유용한 정보인가를 정확히 파악해내는 능력이 중요하게 된 것이다.

부자가 되기 위해서는 정보의 바다에서 최적의 정보를 찾아내어 활용할 줄 아는 인간이 되어야 한다. 부를 창출해주는 정보가 무엇인가를 파악하고, 그런 정보들이 갖는 의미를 제대로 파악하는 사람만이 부자가 될 수 있다.

정보란 기본적으로 가치 있는 데이터를 의미한다. 부자로 가는 정보 관리자가 되기 위해서는 이러한 정보들 중 필요한 것들을 빠짐없이 수집하고, 본질을 파악하는 정보 수집력, 수집한 정보를 평가·분석·해석하여 2차 정보를 생산하는 정보 가공력을 가져야 한다. 이러한 능력이 있어야 장래를 전망하고 미래의 징조를 잡아, 그 후의 전개를 예측하는 선견력이 생기는 것이다. 돈을 벌고 싶다면, 지금까지 무심코 지나쳤던 정보나 일에 착안하는 직감력, 판단력, 실행력을 키워야 한다.

정보 접근 능력을 키워라

오늘날의 가장 큰 변화는 정보가 의식주를 비롯한 인간생활의 제4 요소가 되어버린 것이라 할 수 있다. '정보사회'란 정보가 에너지나 서비스 이상으로 유력한 자원이 되어, 가치를 창조하는 사회를 말한다. 지금의 정보사회에서는 정보로 인한 계층의 차이가 점점 커지고 있다.

정보를 찾고 활용하는 방법은 다양한 경로를 통해 이루어져야 한다. 신문의 경제 정보만 믿고 투자를 감행했다가는 낭패를 보기 쉽다. 사실, 신문을 통해 접한 정보는 정보가 아니다. 이미 많은 사람에게 알려진 것은 정보가 아니라 뉴스이고 소식이다. 다양한 업종에 종사하는 사람들과의 인맥 형성을 통해 정보를 얻다 보면 자기 스스로 옥석을 가릴 수 있는 눈이 생긴다.

정보를 획득하는 소스를 정리하면 다음과 같다.

- 매스컴 : 신문, 잡지, 서적, TV, 라디오, PC통신, 인터넷
- 미니컴 : 업계 신문, 업계 잡지, PR지, 타운지, 저널
- 외부 정보 : 거래처, 경쟁 회사, 금융기관, 컨설팅 회사, 관공서, 대학, 연구기관
- 내부 정보 : 부서별 보고 사항, 사보, 내부 직원의 동향
- 기타 : 연구 정보, 특허 정보

🔑 유용한 정보를 수집하는 3대 원칙

첫 번째, 적합성이다.

정보를 찾을 때는 먼저 이 정보가 적합한 정보인가를 판단해야 한다. 만약 1천만 원을 종잣돈을 가지고 있다면 부동산 투자를 하겠다고 신규 아파트 분양 정보를 계속 받아보는 것은 별 의미가 없다. 오히려 지방에 있는 농지 등에 관심을 가지는 것이 적절할 수 있다. 그러므로 먼저 자신의 능력에 맞는 정보 소스를 조직화하고, 관심 영역을 명확히 설정해야 한다.

두 번째, 신속성이다.

언제 정보를 아는가가 중요하다. 예를 들어 주식 투자를 할 때 공시에 뜬 정보로 해당 회사의 정보를 파악하는 것은 항상 뒷다리 잡기가 될 수밖에 없다. 공시가 뜨기 전에 그 회사의 내부 정보를 알 수 있다면 성공 확률은 그만큼 높아진다. 많은 사람이 다 알고 있는 정보는 돈 되는 정보가 아니다. 그렇다고 많은 사람이 다 알고 있는 정보를 나만

모른다면 그것 또한 문제다. 지속적으로 정보 수집을 하면서도 나만의 차별화된 정보원을 확보할 필요가 있다. 정보원으로 해당 공무원이나 회사 내 경제를 담당하는 직원을 알아두면 좋을 것이다.

세 번째, 경제성이다.

돈 되는 정보와 돈 안 되는 정보를 가려낼 안목을 키워야 한다. 이런 안목을 키우기 위해서는 경제 정보를 꾸준히 접할 필요가 있다. 작은 돈으로 주식 투자를 해보는 것도 경제에 관심을 가지는 데 도움이 될 수 있다. 신문사의 인터넷 메일링 서비스를 받을 때 돈 버는 일과 상관 없는 연예계 소식을 중심으로 받고 있다면 돈 버는 데 전혀 도움이 안 된다. 진정 돈 되는 정보를 찾아 노력해야 한다.

메모를 습관화해야 한다

메모란 지식의 거름이다. 메모를 지식 창출의 첫걸음이라고 말하는 사람들도 있다. 분명한 것은 아이디어를 창출해내는 가장 좋은 방법 중 하나가 메모라는 것이다. 성공한 부자들은 거의가 메모광이다. 삼성그룹의 고 이병철 회장은 꼼꼼하게 메모하는 것으로 유명했다.

메모를 하는 이유에는 두 가지가 있다. 잊지 않기 위해 하는 것이 첫 번째이고, 두 번째는 반대로 잊어버리기 위해 하는 것이다.

잊지 않기 위한 메모란, 가장 간단한 예로 상사의 지시를 수첩에 기록하고, 전화 통화한 내용을 메모지에 적거나 강의 내용을 노트에 기록하는 것 등이다. 이런 모습은 국무회의에서 대통령의 지시를 메모하는 자세를 통해 자주 보게 된다.

인간의 기억력은 그리 길지 못하다. 이것이 바로 메모를 하는 이유다. 실험 결과, 인간의 두뇌가 한 번에 처리할 수 있는 정보량은 약 7자리에서 9자리 수에 불과하다고 한다. 또한 인간의 두뇌 기억 장치에 새로운 정보가 저장되어 머무르는 시간은 몇 초밖에 안 된다. 우리가 바로 들었던 것을 뒤돌아서면 잊어버린다는 것은 머릿속에 기억된 내용을 인출하는 데 실패하기 때문이다. 그러므로 인간에게 새로운 정보를 처리하고 이미 저장된 정보를 불러오는 능력은 매우 제한되어 있다고 할 수 있다.

이 문제점을 해결하기 위한 가장 좋은 방법이 바로 보고 들은 것이나 불현듯 떠오르는 생각 등을 잊지 않기 위해 기록하거나 간단한 그림 등으로 표현하는 메모다. 메모는 기본적으로 중요한 일을 잊어버리지 않게 하고, 그래서 실수를 줄일 수 있게 도와준다.

반대로 잊기 위해서도 메모를 한다. 이는 잊지 않기 위해 메모를 하는 것과 상반된 것처럼 보이지만, 그것보다 더 강력한 이유가 있다.

인간은 망각의 동물이다. 새로운 정보의 60퍼센트는 한 시간 안에 잊어버리는 것이 인간 두뇌의 한계다. 그러다 보니 기억하려고 하면 할수록 오히려 스트레스만 받을 뿐이다. 그럴 때는 메모를 하고 잊는 것이 두뇌 활성화를 위한 좋은 방법이 될 수 있다. 두뇌를 기억과 저장 기능으로 쓰지 않고 창조적으로 쓰는 사람이 성공한다.

기록하고 잊어라. 그것이 '잊기 위해 메모하는' 핵심이다. 기록한 뒤 편안한 마음으로 다른 일에 집중하는 것이 훨씬 경제적이라고 할 수 있다.

현대는 정보와 지식이 생활의 필수 에너지로 작용하는 사회다. 그만큼 우리는 매일 수많은 정보와 지식을 입력하고 처리하면서 의사결정을 하고 그에 따라 행동한다. 거듭 강조한다. 기록하고 잊어라. 안심하고 잊을 수 있는 기쁨을 만끽하면서 항상 머리를 창의적으로 쓰는 사람이 성공한다. 그 비결이 바로 '메모 습관'이다.

🔑 메모의 원칙

메모에는 몇 가지 원칙이 있다.

첫 번째는 언제 어디서든 메모하라는 것이다. 머릿속에 떠오른 생각은 그 자리에서 바로 기록하는 것이 메모의 법칙이다. 그러므로 늘 메모 도구를 지참하는 자세가 필요하다. 비즈니스계에서 가장 중요한 것은 아이디어다. 더구나 정보전쟁의 사회에서는 어떤 아이디어를, 어떻게 자신의 것으로 활용하느냐에 따라 성패가 좌우된다고 할 수 있다.

아이디어를 보관하는 창고가 따로 정해져 있는 것은 아니다. 많이 보고, 많이 듣고, 한 번 더 생각하다 보면 아이디어가 떠오른다. 그 아이디어를 자신의 것으로 만들어 활용하는 과정에서 가장 중요한 것이 '메모'다. 특히 요즘은 스마트폰의 기능이 발달해서 굳이 펜을 사용하지 않더라도 어디서든 메모를 할 수 있다. 이 메모들을 체계적으로 정리만 해두어도 아이디어 전문가가 될 수 있을 것이다.

두 번째는 기호와 암호를 활용하는 것이다. 메모할 때 반드시 '글자'만 쓰라는 법은 없다. 자신이 보고 무슨 내용인지 알 수 있으면 된다. 중요한 것은 자신만의 메모 흐름을 만드는 것이다.

무엇보다 한눈에 띄게 하는 것이 중요하다. 메모하는 방법에는 정답이 없다. 시간이 지난 후 다시 검토했을 때 중요한 부분이 한눈에 들어오는 것이 좋은 메모다. 그러기 위해 중요한 사항에는 밑줄을 긋는다든지, 좀 더 중요한 사항은 동그라미로 표시한다든지 할 필요가 있다.

세 번째는 메모를 데이터베이스로 구축하는 것이다. 메모는 어떤 형태로든 남겨두면 훗날 효력을 발휘한다. 데이터베이스를 만드는 가장 중요한 목적은 정리한 후 잊어버리는 것에 있다. 그러므로 메모와 자료를 주제별로 문서 보관 상자에 넣어 데이터베이스화한다.

이러한 메모를 재활용할 필요도 있다. 체계적으로 정리된 예전의 메모를 다시 읽어보는 습관부터 기른다. 메모한 것들은 날짜별 혹은 주제별로 정리한다. 다시 읽을 때는 느낀 점이나 아이디어를 다른 색으로 표시해둘 필요도 있다.

신경 쓰이는 일이 있으면 기록하라. 생각하기에 따라서는 무의미한 일 같지만, 머릿속에 잠재되어 있는 것을 다 쏟아내면 오히려 마음이 편해진다. 이렇게 하다 보면 머릿속뿐만 아니라 복잡하게 얽혀 있던 일상도 정리되어 홀가분하고 상쾌한 기분을 느낄 수 있을 것이다.

가장 신선한 정보를 찾아라

요리를 아무리 잘하는 사람이라도 원재료가 좋지 않으면 좋은 요리를 만들어낼 수 없다. 이와 마찬가지로 아무리 정보가 많다고 하더라도 좋은 정보가 아니면 의미가 없다. 넘쳐나는 많은 정보 속에서 진정 보석과 같은 정보를 찾아내는 것이 중요하다. 부자들은 이러한 능력이 탁월하다. 정보의 옥석을 가려내어 활용하는 사람들이 바로 '슈퍼부자'들이다.

좋은 정보로 평가받는 요건 중 가장 중요한 것은 신선해야 한다는 것이다. 즉, 요즘처럼 빠르게 변화하고 있는 세상에서는 어제의 정보가 오늘은 쓸모없거나, 오히려 독이 되는 수가 있다.

아주 엉뚱한 얘기지만 어떤 사람이 1년 전 주가 정보나 기업 정보를 보고 주식 투자를 한다면 그 결과는 어떻게 될까? 어제 유망하다고 알려졌던 기업도 1년이 지나지 않아 부도 직전의 상황에 몰릴 수 있다.

외화 중에 내일 신문을 하루 전에 미리 받아보는 사람의 이야기를 다룬 영화가 있었다. 이런 정보를 가질 수 있다면 그 신선도는 최고일 것이다. 정보의 주요한 기능은 미래에 대한 예측이다. 특히 요즘처럼 빠르게 변화하는 사회에서 정보는 최대한 신선해야 한다.

🔑 신선한 정보를 찾는 방법

그렇다면 어떻게 신선한 정보를 찾아낼 것인가? 가능한 한 정보들을 모두 수집하는 것이 중요하다. 하지만 그것보다는 수집된 많은 정보를 비교하고 분석하는 능력이 필요하다. 한 사람에게 질문하는 것보다는 두 사람이나 세 사람에게 질문하는 것이 정답을 찾을 확률이 높다는 사실에 유념하라. 되도록이면 여러 정보원에게서 정보를 모아 그 정보들을 비교하고 유사성을 찾아내는 것이 중요하다.

또한 직접 확인하는 과정이 필요하다. 요즘 같은 인터넷 시대나 출판 홍수의 시대에는 인터넷이나 책에 나와 있는 정보를 액면 그대로 믿기 어렵다. 진정 돈이 되는 2차 정보를 얻기 위해서는 중요한 정보들은 직접 당사자나 해당 기관에 확인하는 것이 중요하다. 내가 아는 한 뛰어난 주식 투자가는 흘러다니는 정보들 중에서 주가에 영향을 끼치는 내용은 반드시 재차 삼차 확인하는 습관을 갖고 있다. 이렇게 직접 확인하는 것은 부가적인 효과도 있는데, 그것은 예상치 않은 또 다른 정보들을 얻을 수 있다는 점이다.

무엇보다 정보를 얻기 위해서는 직접 발로 뛰어야 한다. 자신이 하고자 하는 분야에서 지금 성공하고 있는 사람을 찾아가 이야기를 나누면서 정보를 얻는다. 성공한 사람뿐만 아니라 실패하여 사업을 접은 사람도 만나서 왜 실패를 했는지 알아보는 것도 좋은 방법이다. 왜냐 하면 그 실패 속에서 교훈을 얻을 수 있기 때문이다.

또 그 분야의 추세도 알아본다. 지금 그 분야가 새롭게 떠오르는 것 인지, 아니면 사양길에 접어든 것인지 알아본다.

그리고 그 분야에 대한 전문서적을 탐독한다. 책 속에는 사업의 방 향과 방법이 들어 있을 것이다.

만일 부동산 투자를 통해 돈을 벌고자 한다면 구청이나 동사무소에 근무하는 담당 공무원과의 인맥을 만드는 것도 좋을 것이다. 자주 만 나서 식사를 하는 과정에 유익한 정보를 얻을 수도 있다.

정보를 실용적 지식으로 바꾸어라

부자가 되기 위해서는 정보관리의 비결을 배우고 기존의 지식을 학습하는 것도 중요하지만 수집한 정보를 조합하여 새롭게 지식화하는 것이 더 중요하다고 하겠다. 수집한 정보의 재지식화는 자기 소유로 만드는 데에서 큰 의미가 있다. 자기 소유의 지식이 될 때 직접적인 부를 창출할 수 있기 때문이다.

사실, 정보와 지식의 관계는 위계적인 것이 아니라 상호 순환적, 혹은 병렬적인 것으로 보는 게 맞다. 통상 '정보의 지식화'라는 방향에서 지식을 정보보다 더 높은 것으로 설정하지만 이는 반드시 일치한다고 하기는 어렵다. '정보의 지식화'와 '지식의 정보화'는 순환적으로 이루어진다고 하는 게 더 정확한 표현이다.

정보와 지식들을 조합하여 새로운 지식을 만드는 가공 능력 또한 중요하다. 미국 경영학자 피터 드러커는 나이가 많음에도 불구하고 신간

서적을 읽고, 정보를 수집하고, 새로운 지식으로 가공하여 그것을 자기 글의 기초로 삼는 것으로 유명하다.

피터 드러커는 "한국은 땀과 근육으로 할 수 있는 것은 이미 모두 달성했으므로, 앞으로는 지식을 이용하여 선진국을 상대로 경쟁해야 한다"고 권고한다. 우리에게 기억력이 아니라 창의력과 응용력이 더 강조되는 것은 이런 논리 때문이다.

옛 성현들은 "찾고 찾으면 보이는 게 세상의 이치"라고 말했다. 헌책방에는 예전에 유행하던 제품이나 콘셉트 또는 경기 붐을 일으킨 역사적 사료들을 담은 책들이 있다. 가끔 헌책방에 들러 옛날 책을 뒤적이다 보면 요즘 유행시킬 만한, 지금 당장 돈을 벌 수 있는 행운의 열쇠가 눈에 들어올지도 모를 일이다.

🔑 엉뚱한 곳에서 얻은 정보를 지식으로 만든다

성공한 부자들은 때때로 예상치 못한 엉뚱한 곳에서 얻은 정보를 지식으로 바꾸어 문제 해결의 답을 찾는다. 이들은 자신의 분야에서 일하는 사람뿐만 아니라 다양한 곳에서 전문성을 갖고 뛰는 사람들과 어울리면서 배울 점을 찾는다.

어두운 곳에서도 글을 쓸 수 있는 야광펜을 개발하여 연 50억 원의 매출을 올리는 김 사장은 어디서든 배움을 청하는 사업가다. 이런 생각 때문에 그가 회사에서 실천하는 것이 있다. 그는 직원들이 스스로 자신의 실수를 털어놓으면 1만 원을 상금으로 준다고 한다.

사람은 자신의 실수를 남에게 드러내기 싫어한다. 숨기는 것이 본성이다. 그 자신도 실수투성이 인간이었고, 실수를 저지르고도 숨기기에 급급했던 평범한 사람이었다. 그런데도 그가 실수를 마치 무슨 페스티벌처럼 사내 행사로 정착시킨 데는 이유가 있다. 그 스스로가 야광펜을 개발한 계기가 심야 시간대에 경찰들이 사용할 수 있는 물품들을 직접 연구, 개발하여 판매했던 경험에서였다. 포스트잇을 개발한 3M의 실패를 두려워하지 않는 기업문화와도 일맥상통한다고 할 수 있다.

돈 되는 정보로 가공해야 한다

돈 되는 정보와 그렇지 않은 정보 탄생은 정보를 받아들이고 사용하는 사람에게 달려 있다.

한 아파트 단지에 중국음식점이 두 개가 있다고 하자. 두 음식점 모두 사장, 주방장, 배달원의 수준뿐만 아니라 사용하는 원재료도 똑같다고 가정하자.

한쪽의 사장은 배달원이 배달을 갈 때마다 손님에게 맛이 어떤지 물어보고, 손님의 요구 사항들을 적어 오라고 지시한다. 배달원은 101호 손님은 우동을 조금 싱겁게 해달라고 하고, 102호는 자장면 한 그릇을 주문하면서 젓가락 두 개를 가져달라고 하고, 103호는 양파 대신에 단무지를 더 달라고 하면, 그것을 일일이 수첩에 적었다가 주인에게 보고한다. 주인은 주방장에게 손님의 요구대로 음식을 만들라고 하고, 배달원에게도 손님의 요구대로 자장면 한 그릇에 젓가락 두 개를, 그리고 양파 대신에 단무지를 더 배달하게 한다.

반면, 다른 한쪽의 배달원도 그러한 손님들의 요구를 사장에게 전달하지만 그쪽의 사장은 별로 신경을 쓰지 않고 왜 그렇게 손님들이 까다롭게 구느냐고 불평만 한다. 그러니 당연히 경쟁 음식점에 밀릴 수밖에 없다. 한쪽은 별것 아닌 정보를 활용하여 고객 만족을 실천한 것이고, 다른 한쪽은 똑같은 정보를 받았음에도 그 정보를 돈 안 되는 정보로 재해석하여 실천하지 못한 것이다.

투자를 위해 경기 흐름의 정보를 읽을 때도 마찬가지다. 경기 흐름을 읽는다는 것은 컴퓨터를 하기 위해 기본적 명령어들을 이해하는 것과 마찬가지로 중요한 사항이다. 경기 흐름은 일반적으로 크게 주식 시장과 부동산 시장으로의 투자 방향을 결정하는 데 중요한 역할을 한다.

실제로 경기 흐름을 읽어내는 시장지표, 예컨대 기업실사지수(BSI) 등이 있긴 하지만, 일상생활에서도 경기 흐름을 파악할 수 있다. 이를테면 동네 슈퍼에서 신제품 라면은 안 팔리고 옛날 제품 5개들이 묶음만 팔릴 때는 경기가 좋지 않다는 것을 나타낸다.

왜 그런가? 라면의 신제품이 발표되는 것은 경기상승 시기와 경기 호황기 때이다. 메이저 라면업체들은 경기가 회복될 때 신제품을 기존 제품과 조금만 바꿔서 가격을 올려 받는다. 왜냐하면 라면의 경우 신제품 출시의 주된 요인이 한국은행과 재경부의 물가지표 품목에 포함되어 있어 가격 올리기가 쉽지 않기 때문이다. 따라서 바닥 시점에서 신제품을 고가에 내놓아봐야 잘 팔리지도 않으므로, 라면의 신제품 출시는 면밀한 내부 검토를 통해 반드시 경기 회복 신호가 잡혀야만 출시가 된다.

그러므로 신제품 출시가 별로 없고 구제품의 묶음만 팔리면 경기가 바닥을 치고 있다는 것을 나타내는 신호라고 할 수 있다. 이처럼 아주 단순한 상황적 정보도 2차 정보로 가공하는 능력에 따라 돈 되는 정보가 될 수도 있고, 그렇지 않은 정보가 될 수도 있다.

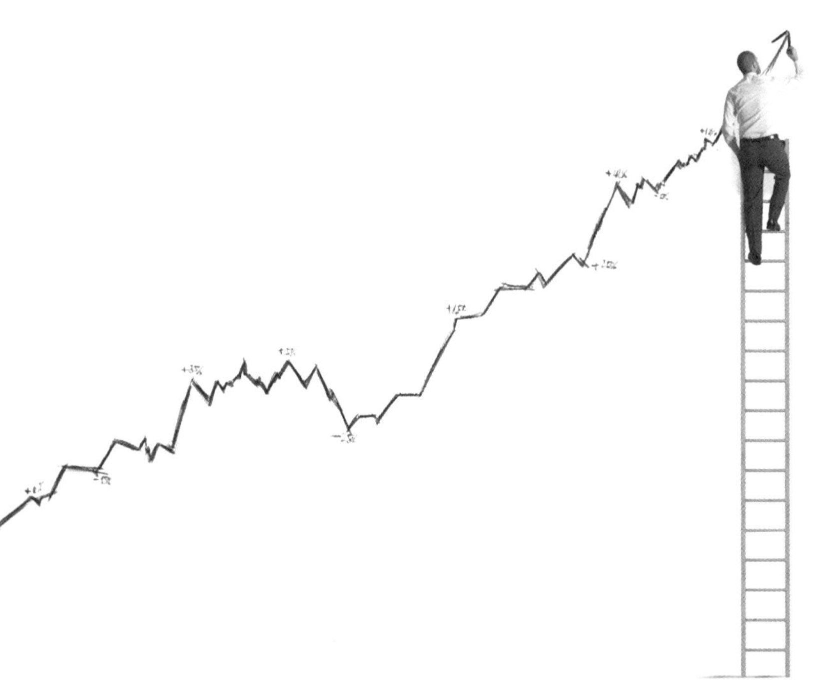

Chapter 11

시간을 낭비하지 말라

일곱 가지 원칙으로
시간관리를 하라

시간관리란 각자의 습관, 개성, 지위, 삶의 목표에 맞게 일정을 만들고 그 일정에 따라 우선시하는 활동의 자리를 마련하는 것이다.

부자가 되기 위해서는 다음과 같은 시간관리의 기본 원칙을 지켜야 한다.

첫째, 질이 높은 시간을 중요시한다.

하루 24시간이 모두 동일하게 중요한 것은 아니다. 특별히 중요한 시간대가 있는데, 이것은 각자의 지위나 하는 일에 따라 다를 수 있다. 다만, 일반적으로 오전 시간이 오후 시간보다 질이 높다. 그러므로 이 시간에 가장 창의적인 일을 하는 게 좋다.

둘째, 시간 예측을 잘한다.

시간 예측을 잘하면 시행착오와 실수를 예방할 수 있다.

셋째, 표준시간표를 작성한다.

계획한 시간표에 따라 일을 하는 것은 시간 손실을 막아주고 능률을 높인다.

넷째, 업무의 흐름을 잘 유지한다.

목표 의식을 갖고 일하면서 동시에 업무 방해 요인을 제거한다. 그렇게 막힌 데 없이 일이 잘 진행되도록 해야 좋은 성과를 올릴 수 있다.

다섯째, 위기와 변화 그리고 일을 방해하는 요소를 잘 다룬다.

하급 직원은 일과표에 따라 통상적인 업무만 잘 처리하면 된다. 중간 간부는 상사로부터의 전화, 업무 지시, 계획, 서류 처리 등의 업무를 잘 처리하면 된다. 그러나 CEO는 끊임없이 제기되는 문제를 해결해야 하고 위기 극복을 위해 머리를 써야 할 일이 많다. 이런 일에 닥쳤을 때는 기발하고 치밀한 창의력을 발휘해서 처리해야 한다.

여섯째, 오늘 해야 할 일은 반드시 오늘 마친다.

사람에게는 미루는 습성이 있다. 성격에 따라 일을 완성하는 태도도 다르다. 오늘 해야 할 일을 오늘 마치면 성취감을 느낄 수 있을뿐더러 내일 일이 막히지 않는다. 좀 무리를 해서라도 오늘 해야 할 일은 오늘 끝내야 한다.

🔑 투자의 시간과 경비의 시간

우리가 소비하는 돈은 그 쓰임에 따라 두 가지로 나눌 수 있다. 바로 경비와 투자를 위한 돈이다. 기업을 예로 들어볼 때, 물류비는 경비가 될 것이고, 연구비는 투자비가 될 것이다. 기업 활동은 물론이고 개인 활동에서도 이 투자를 위한 경비를 잘 운용해야 한다. 그렇지 않으면 당연히 사업과 가계에 치명적 타격이 올 수밖에 없다.

시간에도 투자의 시간과 경비의 시간이 있다. 업무상 고객을 방문하거나 매상을 올리기 위해 이메일을 보내고 전화를 하는 것 등이 투자의 시간이다. 잡담을 하거나 알맹이 없는 장시간의 회의 같은 것은 경비의 시간이다.

요컨대 투자의 시간을 늘리고 경비의 시간을 줄일 때, 창조적 시간관리가 될 것이다.

유익한 시간을 적극적으로 만들어라

같은 돈이라도 유익한 돈과 그렇지 않은 돈이 있다. 투자할 때 사용되는 돈은 유익한 돈이고, 노름이나 게임에 퍼붓는 돈은 무익한 돈이다. 같은 맥락으로, 시간에도 유익한 시간과 무익한 시간이 있다. 성공한 부자들은 시간 활용을 위해 세 가지 원칙을 따른다.

첫째, 유익한 시간과 무익한 시간을 구분하는 판단력을 기른다.
둘째, 유익한 시간은 늘리고 무익한 시간은 줄인다.
셋째, 유익한 시간을 적극적으로 만든다.

이는 성공한 사람들의 시간 재구축이라고 할 수 있다. 그들은 이러한 원칙으로 효율적 시간관리를 하고 있다.

5일제 근무가 정착되면서 직장인 대부분이 이틀을 쉰다. 이 휴일 동안 평범한 사람들이 아무것도 하지 않거나 낮잠을 자거나 하루 종일 텔레비전을 볼 때, 성공한 사람들은 독서 등 자신에게 유익한 일을 한다. 전략적으로 활력 충전을 위한 방법을 모색하고 그에 따라 움직이는 것이다.

성공한 부자들은 시간이 부족하다고 생각하지 않는다. 다만, 그들은 자신에게 주어진 시간을 최적으로 활용하기 위해 좀 더 부지런하게 움직일 뿐이다. 이런 과정 자체가 유익한 시간을 만들어내는 것이다.

정주영 회장은 무슨 일이 있어도 아침 일찍 일어났다. 시간이 아까웠던 그는 그 이른 시각에 테니스도 하고 수영도 하였다. 아침에 일어날 때, 그는 마치 어린 시절의 소풍 가는 날 아침처럼 설렌다고 했다. 이는 그날 할 일에 대한 기대 때문이었다.

조선소를 만들 때의 일이다. 새벽 세 시에 잠을 깬 정주영 회장은 일이 하고 싶어서 손수 지프차를 몰고 현장으로 향했다. 그런데 현장에 도달하기 직전, 그는 길 위의 커다란 바위를 발견하고 핸들을 급히 틀었다. 하지만 제동력을 잃은 그의 차는 결국 강에 빠졌다. 물속에서 차 문을 간신히 열고 나온 그는 공사장 경비원의 도움을 받아 구사일생으로 목숨을 건졌다.

이 이야기는 시도 때도 없이 부지런히 행동하려는 정 회장의 성향에서 비롯된 에피소드다. 여하튼 정주영 회장은 일을 하고 싶어 안달이 날 정도로 부지런하였다.

그는 그의 부지런함을 부모로부터 물려받은 첫 번째 자산이라고 말하였다. 그는 돈을 많이 벌어 부자가 되기 위해서는 먼저 부지런해야

한다고 생각했으며, 그 생각을 실천으로 옮겼기에 오늘의 현대그룹을
만들 수 있었다.

살아 있는 시간으로 운용하라

회사에서 하는 일 없이 빈둥거리며 퇴근 때만 기다리는 사람의 시간은 죽은 시간이다. 그러나 맡은 일을 열심히 하여 그날의 성과를 도출하는 사람의 시간은 살아 있는 시간이다.

시간은 활용하는 사람이 어떻게 하느냐에 따라 살아 있는 것이 되기도 하고, 죽은 것이 되기도 한다. 분명한 점은 일상에서 죽은 시간을 살아 있는 시간으로 변화시켜야 한다는 것이다. 그러기 위해서는 목적과 의도를 가지고 주어진 시간을 창조적으로 관리해야 한다.

죽은 시간을 살아 있는 시간으로 만드는 비결

성공한 부자들은 죽은 시간을 살아 있는 시간으로 만들려 애쓴다.

그들은 자신이 달성해야 할 목표를 세우고 그 목적에 맞는 필요한 메뉴를 만들려고 한다. 또한 자신에게 주어진 환경에서 가능한 일을 찾아 하려고 노력한다.

같은 시간을 자기 것으로 만드느냐 아니면 쓸모없이 보내느냐 하는 것은 오로지 자신의 의지에 달려 있다. 성공한 부자들은 시간의 가치를 소중히 여기며 그 시간을 철저히 자기의 것으로 만든다.

미루는 습관을 버려야 한다

일을 할 때 업무의 효율을 떨어뜨리는 가장 큰 요인은 바로 미루는 습관이다. 그래서 '지금 바로 처리하기'라는 원칙이 중요하다.

많은 이가 여러 핑계를 대며 습관적으로 일을 미룬다. '시간이 없어!', '오늘은 컨디션이 안 좋으니까 이 일은 하루 날을 잡아서 해야겠어!', '이건 그리 중요하지 않아!' 등의 이유를 늘어놓으면서 말이다.

사람들은 핑계가 생기면 너무나 쉽게 일을 포기한다. 그러나 미루고자 하는 유혹을 이겨내면 시간을 생산적으로 사용하는 습관을 가질 수 있다. 그 방법은 다음과 같다.

첫째, 순서를 정하여 한 번에 하나씩 처리한다.

책상 위에 있는 모든 서류를 정리하여 선순위 실행 파일과 후순위 실행 파일을 만드는 것이 일반적인 방법이다. 그렇게 하나씩 처리하면 시간을 낭비하지 않고 일을 깔끔하게 마무리할 수 있다.

둘째, 한 가지 일에만 집중한다.

사람들은 한꺼번에 많은 일을 번갈아가며 생각한다. 예컨대 고객에게 온 편지를 읽으면서 준비해야 할 다른 몇 개의 회의를 생각한다. 이럴 때는 일들에 우선순위를 설정하는 게 매우 유용한 방법이다. 다만, 우선순위는 시간을 관리하는 좋은 수단이지만 일을 뒤로 미루기 위한 핑계가 되어서는 안 된다.

사람들은 종종 일을 처리할 때 선순위 일에 집중한 나머지 후순위의 일을 무시한다. 그러나 후순위 역시 해야만 하는 일이다. 어차피 일이라는 것은 해야 할 과제이므로 실행력을 가지고 일정대로 처리하는 것이 좋다.

셋째, 방해 요소를 제거한다.

'방해만 받지 않았다면 벌써 그 일은 처리했을 텐데' 하고 후회하는 일이 많다. 당연한 이야기이지만 방해 요소는 일을 더디게 하고, 심지어 성과를 못 내게 한다. 따라서 방해가 될 만한 요소는 사전에 제거해야 한다.

넷째, 밀린 일은 최대한 빨리 해결한다.

지금 해야 할 일도 태산 같은데 거기에다 밀린 일까지 쌓여 있다면, 원활하게 일을 처리할 수 없을 것이다. 원활하게 일을 하려면 밀린 일을 반드시 처리해야 한다. 일을 미루게 되면 그 일로 인한 부가적인 일거리까지 계속 생겨나기 때문에 밀린 일을 계속 방치하는 것은 비효율적인 처사다.

우유부단함에서 벗어나
결단력을 길러라

성공한 부자들은 신속하게 결정을 내리는 반면, 한 번 결정을 바꿀 때는 오랜 시간을 들여 깊이 생각한다. 그러나 대다수 사람은 일단 어떤 결정을 내리면 그에 대한 결과를 평생 안고 살아가야 한다는 부담 때문에 단호한 태도를 취하지 못한다.

당신의 약점이 바로 이런 우유부단함이라면 이를 해결할 방법이 있다. 지금 이 순간의 결정으로 인해 일어날 수 있는 최악의 결과를 상상해본 후 그 결과를 감수할 수 있는지 스스로에게 물어보는 것이다. 만일 대답이 그렇다면 기꺼이 결정을 따르면 된다.

물론 행위의 결과를 100퍼센트 예측할 수는 없다. 그러나 80퍼센트만이라도 확신할 수 있다면 그 계획을 과감히 밀어붙이는 게 좋다.

벤저민 프랭클린은 결단을 내릴 때 다음의 방법을 썼다. 이는 오늘날 벤저민 기법으로 유명한데, 종이를 반으로 접어 한쪽에는 결정을 따라야 할 이유를, 다른 한쪽에는 그 결정을 따르지 말아야 할 이유를 적는 것이다. 그다음, 양쪽을 서로 비교하여 어떻게 할지를 최종 결정한다.

물론 결단력을 갖춘 사람들이 잘못된 판단을 내리는 경우도 종종 있다. 그러나 그들은 어떻게 해서든지 자신이 뜻한 바를 이루었다.

🔑 지금 바로 실천하는 습관을 길러라

우리에게 필요한 것은, 지금 바로 실천하는 습관이다. 이러한 습관을 들인다면 시간을 허비하지 않고 가치 있게 사용할 수 있다.

일을 미루는 태도는 매우 좋지 않은 습관이다. 심리학자들은, 일을 미루는 이유는 그 어떤 문제가 극도로 어려워서가 아니라 그저 '수시로 미루는 습관' 때문이라고 말한다.

성공하여 부자가 되고 싶다면 지금 바로 실천하는 습관을 들여서 더 이상 일을 미루지 말아야 한다. '지금 바로 실천하는 습관'이야말로 '수시로 미루는 습관'을 대체할 행동 지향적인 태도다. 이것이 곧 부를 부르는 결단력이다.

중요한 것을 먼저 하라

한 기업의 대표가 계속 바쁘기는 한데 능률이 오르지 않자 어느 경영연구소에 자문을 의뢰했다. 경영연구소는 '일의 중요성을 가려서 순서를 정한 다음 그대로 하라'라는 매우 간단한 해결책을 제시했다.

우리는 인간이기에 시간의 제약을 받을 수밖에 없다. 또 사회적 인간이기에 약속이라는 족쇄에서도 완전히 벗어날 수 없다. 그렇기에 중요한 일과 그렇지 않은 일을 구분한 다음 중요한 일에 집중하여 먼저 이루는 지혜가 필요하다. 성공한 부자들은 모두 그렇게 시간관리를 했다.

무엇이 중요하고 중요하지 않은지는 오로지 스스로가 결정할 문제로, 극히 주관적인 것이다. 다만, 핵심은 자신에게 주어진 제한적인 시간을 충분히 자기 것으로 만들어야 한다는 것이다. 이를 위해 중요하지 않은 것에 시간을 투자하지 말아야 하는데, 특히 쓸데없는 약속 잡기는 삼가야 한다.

🔑 중요한 일에 집중하라

통상적으로 주어지는 일은 네 가지로 분류할 수 있다. 즉, '시급하면서도 중요한 일', '시급하지 않으나 중요한 일', '중요하지 않으나 시급한 일', '중요하지도 않으면서 시급하지도 않은 일'이다. 만일 동시에 여러 일을 해야 할 때 위의 네 가지 기준을 근거로 하여 일의 순위를 정한 뒤 처리하면 효과가 있을 것이다. 업종에 따라 다르겠지만 네 가지 기준 중 두 번째, '시급하지 않으나 중요한 일'에 많은 시간을 투자해야 한다.

많은 사람은 '시급하면서도 중요한 일'을 우선적으로 처리하려고 하지만, 실제 그런 일은 거의가 인생에 크게 영향을 미치지 않는, 단순하고도 반복적인 일일 경우가 많다. 그러나 '시급하지 않으나 중요한 일'은 당장은 효과가 나타나지 않지만 인생에 큰 영향을 끼치는 일인 경우가 많다.

많은 사람이 시급성에만 초점을 맞추어 첫 번째와 세 번째에 너무 많은 시간을 소비하고 있다. 그러나 중요한 일을 하는 것과 많은 일을 하는 것 사이에는 근본적인 차이가 있다. 성공하여 부자가 되고 싶다면, 거듭 강조하지만 '시급하지 않으나 중요한 일'에 시간을 많이 투자하라.

꾸준한 자기계발이 필요하다

실패하는 사람은 자신에게 주어진 시간을 과거에 50퍼센트, 현재에 40퍼센트, 미래에 10퍼센트 투자한다. 반면, 성공하는 사람은 미래에 80퍼센트를 투자한다. 한마디로 실패하는 사람은 과거 지향형이고, 성공하는 사람은 미래 지향형이다.

당신이 주로 과거에 대한 이야기를 많이 한다면 당신은 과거 지향형일 것이다. 반대로 미래에 대한 이야기를 압도적으로 많이 한다면 당신은 미래 지향형일 것이다. 분명한 것은 미래를 생각하고 미래 지향적으로 사는 것이 부자들의 특징이라는 사실이다.

부자들은 미래를 준비하는 데에 많은 시간을 투자한다. 그들은 현재의 중요한 성과를 내는 데 20퍼센트의 시간을 쓰고 그 외의 시간은 미래를 준비하는 일에 투자한다.

당신의 분야에서 1인자가 되겠다는 각오로 자기계발을 꾸준히 해야한다. 기계적으로 길들여진 기술자가 아니라, 무엇을 해야 하는지를 아는 전문가가 되어야 한다. 근무 시간 이후의 시간을 쪼개 자격증을 따거나, 전문가 동아리에 참여하거나, 야간대학원에 다니는 것도 좋은 방법이다. 끊임없이 당신 자신을 갈고닦아 몸값을 높일 수 있도록 준비해야 한다.

미래를 준비하면 할수록 미래의 시간은 점점 여유로워진다. 시간의 빈익빈 혹은 부익부는 현재 주어진 시간을 미래의 그 무엇을 위해 활용하느냐에 따라 결정된다. 현재의 시간을 미래를 위해 쓰면 쓸수록 시간은 많아지고, 과거의 일에 연연하여 회상하는 데에 시간을 쓰면 미래의 시간조차 부족해지는 것이다. 이것은 결국 비전과 목표의 문제다. 비전과 목표가 분명하면 시간관리도 미래 지향적이 될 수 있다. 하지만 비전과 목표가 분명하지 않으면 시간관리는 엉망이 될 수밖에 없다.

성공한 부자가 되기 위해서는 미래 지향적인 일에 집중하며, 시간에 끌려가는 것이 아니라 시간을 장악해야 한다. 말하자면 매사 능동적이고 긍정적인 인간형이 되어야 하는 것이다.

Chapter 12

부자들의 투자 노하우를 배우라

투자 없이는 절대로
부자가 될 수 없다

부자가 되기 위해서는 '적은 돈'과 '긴 시간'을 잘 결합시켜야 한다. 이는 부자 된 사람 대부분이 활용한 방법이다. 부자가 되기 위해서 필요한 것은 '많은 돈'이 아니다. 단지 '적은 돈'과 '긴 시간'의 조합이 필요할 뿐이다. 이러한 진리를 알지 못하는 사람들은 '많은 돈'으로 '짧은 시간' 내에 돈을 벌려고 한다.

많은 이가, 시간이 돈에 미치는 영향을 이해하지 못하고 있다. 부자가 되려면 시간이 돈에 미치는 영향을 제대로 이해해야 한다.

🔑 하루라도 빨리 투자하라

당신이 정말로 알아야 할 것은, 시작은 미약하지만 투자의 수익은

기하급수적으로 늘어난다는 사실이다. 따라서 최대한 긴 시간을 활용
할 줄 알아야 부자가 된다.

또한 단 몇 퍼센트의 차이가 큰 차이의 수익으로 나온다는 사실이
다. 즉, 좀 더 고수익을 올리기 위해서는 조금이라도 높은 수익률에 투
자해야 한다.

'적은 돈'을 투자하는 것은 어렵지 않지만, '긴 시간'을 투자한다는
것은 상당히 어렵다. '얼마나 오랫동안 투자'하는가는 '긴 시간'을 의
미한다. 이 말을 뒤집어 생각하면 '더 빨리'와 같은 말이 된다. '더 빨
리' 투자한다는 것은 한 살이라도 젊었을 때 투자해야 한다는 의미다.
아무리 적은 돈이라도 긴 시간 동안 꾸준히 투자한다면 분명 부자가
될 수 있다.

투자하기 전에
체크해야 할 세 가지

열심히 번 돈을 알뜰하게 모아야 하고, 모은 돈은 투자를 해야 부자가 될 수 있다. 주식이든 부동산이든 금융상품이든 투자하지 않으면 큰돈을 벌 수 없다.

투자에 앞서 놓쳐서는 안 되는 것이 있다. 사소하지만 중요한 것들을 먼저 행하는 것은 투자의 밑거름을 마련하는 것과 같다. 따라서 다음의 세 가지 사항은 반드시 점검해야 한다.

첫째, 보장성 보험에 가입했느냐의 여부다. 보장성 보험이란 암이나 교통사고 등에 대비하는 상품이다. 만일 이런 보험에 가입하지 않고 투자했다가 불의의 사고를 만났을 때는 투자하려고 저축한 돈을 어쩔 수 없이 쓰게 된다.

둘째, 어떤 대출을 받는지의 여부다. 사업을 하거나 투자를 할 때는 당연히 자금이 부족하게 마련이다. 따라서 대출로 그 부족한 자금을 메우게 되는데, 대출을 잘못 받았다가는 열심히 저축하는 것 같지만 알고 보면 앞에서 벌고 뒤로 밑지는 형국이 될 수 있다. 대출이 있다면 소액이라도 원금을 갚아가는 게 오히려 또 다른 투자의 길이다.

셋째, 예비자금을 준비하고 있는지의 여부다. 예비자금이란 갑작스럽게 필요한 돈을 말한다. 만일 이러한 예비자금이 없는데 갑자기 돈 쓸 일이 생기면 적금을 해약하거나 소유한 주식을 팔아야 한다. 예비자금은 월 평균 수입의 3~5개월 치의 자금이 적당하다. 대기업에서 현금을 확보해두는 것도 이런 맥락이다. 이런 예비자금은 금리가 낮은 은행에 맡길 것이 아니라 입출금이 가능한 단기금융상품에 넣어두는 지혜가 필요하다.

위 세 가지 사항을 투자하기 전에 반드시 체크하고, 만일 준비가 되어 있지 않으면 투자를 늦추는 것이 좋다. 왜냐하면 투자가 뜻대로 좋은 결과를 만들어주지 못할 경우 예기치 않은 어려움을 겪을 수도 있기 때문이다.

김씨와 이씨는 회사 동기다. 김씨는 집안이 가난하여 등록금이 싼 지방의 국립대학에 입학하였으나, 이씨는 별 무리 없이 서울의 명문 사립대학에 입학하였다. 그렇게 졸업 후, 두 사람은 서울 소재의 같은 회사에 나란히 입사했다.

김씨는 가난하게 자랐기에 가난을 대물림하지 않겠다는 생각으로 입사하면서부터 월급의 80퍼센트를 저축하였다. 또한 그는 지방대학 출신에다 인맥 또한 부실했기에 아무리 열심히 해도 과장까지가 승진의 한계일 것임을 예측했다. 그랬기에 독립을 목표로 저축하면서 향후 10년을 대비했다.

반면, 이씨는 가난을 뼈저리게 느끼지 못하고 자랐기에 돈에 대한 관념이 없다시피 했다. 게다가 소위 명문대학 출신이라 회사 내에 대학 선배들이 많았다. 그랬기에 그의 목표는 이사 이상의 위치에 오르는 것이었다.

10년 뒤, 두 사람은 모두 과장으로 승진했다. 그러나 승진의 기쁨은 그리 오래가지 못했다. 회사 대표가 배임과 횡령 협의로 입건되었고, 너무나 많은 부채로 회사가 문을 닫게 된 것이다.

회사가 공중 분해되면서 두 사람의 처지는 확연히 갈렸다. 착실하게 저축하며 미래를 준비한 김씨는 별 타격을 받지 않은 채 오히려 사업을 시작했다. 그러나 저축이라는 것을 모르고 산 이씨는 실업자가 되는 동시에 가난의 굴레를 쓰게 되었다. 이렇게 두 사람의 명암이 갈리는 데는 고작 10년밖에 걸리지 않았다.

일찍부터 준비했느냐, 그렇게 하지 못했느냐가 인생에서 얼마나 중대한 일인지 잘 보여주는 예라 하겠다.

경제 흐름에 민감하라

부자가 되기 위한 목표도 정했고, 필요한 인맥도 확보했다면, 이제는 본격적으로 돈을 만들어야 한다.

돈을 만들기 위해서는 먼저 전체적인 경제 흐름을 파악할 줄 아는 능력을 갖추어야 한다. 이때 필요한 것이 정확한 정보다. 특히 경제 흐름과 관련된 정보에 주의를 집중해야 한다.

대개 부자들은 최신 경제 흐름을 확실히 꿰뚫고 있다. 경제 흐름을 안다는 것은 돈의 흐름을 안다는 뜻이다. 다시 말해 이는 최선의 투자를 어디에 해야 할지 간파하고 있다는 의미다.

돈이란 은행, 주식 시장 등 상황에 따라 어느 쪽으로 몰리게 마련이다. 이런 몰림 현상에 따라 각 분야는 활황 또는 불황에 놓인다. 그렇다면 투자 시 해야 할 일은 분명해진다. 바로 이런 돈들이 어디로 몰렸는지, 그 대세를 파악하는 일이다.

예컨대 돈이 부동산으로 흘러올 가능성이 보일 때 부동산에 투자해야 한다. 성공한 부자들은 이런 돈의 흐름을 정확히 포착한다. 그들은 알거지로 가는 지름길인 지레짐작을 절대로 하지 않는다.

성공한 부자가 되기 위해서는 입수한 정보를 정치, 경제, 사회, 문화와 결부시켜 과연 돈이 몰려올 것인지를 냉철하게 판단해야 한다. 만약 가능성이 있다고 판단되면 지체 없이 투자해야 하며, 그렇지 않을 경우에는 주저하지 말고 당장 투자에서 발을 빼야 한다.

재건축 아파트의 붐을 알고 미리 투자한 경우를 예로 들어보자. 삶의 질이 나아지면서 좀 더 나은 아파트에 살고 싶어 하는 사람들의 욕구와 돈을 벌기 위한 건설사의 욕구, 그리고 경기부양 차원에서 규제를 푼 정부의 정책을 간파한 사람들이 돈을 벌었다. 그러나 최고조에 달했다 떨어질 때, 그러니까 끝물에 투자한 이들은 돈을 벌지 못했다. 판단은 제대로 했지만 타이밍을 적시에 맞추지 못했기 때문이다.

경제 흐름을 확실히 알고 정확한 타이밍에 들어가는 것은 투자의 기본 원칙이다. 그렇기에 항상 경제 흐름이라는 파동 위에 안테나를 민감하게 세워놓아야 한다. 그러자면 적어도 투자 실패에 따른 리스크만큼은 최소화할 수 있다. 거듭 말하지만 부자가 되기 위해서는 경기에 민감해야 한다.

경기순환의 법칙을 이해하라

부자가 되기 위해서는 경기순환의 법칙에 대해서도 충분히 이해하고 있어야 한다. 일반적으로 경기는 사람의 바이오리듬이나 기온의 변화처럼 일정한 규칙을 보이면서 끊임없이 변동한다. 경기의 순환 과정은 확장기와 수축기로 구분하는데, 저점에서 정점까지를 확장기라고 하고, 정점에서 저점까지를 수축기라고 한다.

경기를 살필 수 있는 가장 쉬운 방법은 신문을 보는 것이다. 아무 신문이든 상관없다. 기사를 보는 것도 중요하지만, 기업이 내는 광고를 보는 것도 경기를 이해하는 중요한 지표로 활용할 수 있다. 기업들, 특히 대기업들은 경기가 위축될 기미가 보이면 가장 먼저 광고비 집행부터 줄인다. 즉, 광고비는 기업들이 곤란에 처했을 때 투입을 거두는 경비 중 1순위다. 그래서 신문의 광고가 전에 비해 허전해졌다면 경기 후퇴기라고 판단해도 무방하다. 부자가 되기 위해서는 이런 상황을 알아채는 센스를 갖고 있어야 한다.

전문가들은 돈을 벌고 싶다면 정부의 시책에 반하여 행동하지 말라는 충고를 한다. 경제의 흐름과 정부의 정책은 불가분의 관계에 있기 때문이다. 정부에서 어떤 정책을 내놓았을 때는 그 정책을 실현하기 위해 다양한 방법을 구사한다.

예컨대 정부에서 부동산 시장을 잡겠다고 얘기하면 가능한 한 부동산보다는 금융 시장을 노려보는 것이 좋을 수 있다. 왜냐하면 부동산 시장을 잡겠다고 했는데도 혹시 하면서 부동산을 노린다면, 자신이 매우 뛰어난 부동산 전문가가 아닌 이상 이익을 보기 어렵다. 그러므로 정부가 어떤 정책을 내놓고 있는지도 관심을 가져야 할 것이다.

인생의 10년은 부자로 살아라

초판 1쇄 인쇄 | 2014년 5월 2일
초판 1쇄 발행 | 2014년 5월 13일

지은이 | 김주영
펴낸이 | 김의수
펴낸곳 | 레몬북스(제396-2011-000158호)
전화 | 070-8886-8767
팩스 | (031) 955-1580
이메일 | kus7777@hanmail.net
주소 | 경기도 파주시 문발동 535-7 세종출판벤처타운 404호
디자인 | papermime
편집 | 미토스
ⓒ 레몬북스

ISBN 979-11-85257-03-7 (13320)

※ 잘못 만들어진 책은 구입처에서 교환 가능합니다.

「이 도서의 국립중앙도서관 출판시도서목록(CIP)은 서지정보유통지원시스템 홈페이지(http://seoji.nl.go.kr)와 국가자료공동목록시스템(http://www.nl.go.kr/kolisnet)에서 이용하실 수 있습니다. (CIP제어번호: CIP2014012474)」